# Im Morgenkreis durchs Kita-Jahr

# Impressum

ISBN: 978-3-96046-208-8

**Praxisideen für die Kita**

**Im Morgenkreis durchs Kita-Jahr**
**Fingerspiele, Spiellieder und Rituale**
**für alle Jahreszeiten**

| | |
|---|---|
| **Redaktion** | Myriam Bork |
| **Autorinnen** | Aline Kurt, Kathrin Eimler, Nadine Marchi |
| **Gestaltung und Satz** | DOPPELPUNKT, Stuttgart |
| **Druck** | Grafik Media Produktionsmanagement, Köln |

Klett Kita GmbH
Rotebühlstr. 77
70178 Stuttgart
www.klett-kita.de



# Bildnachweis

**Layoutillustration** (Blumen, Schmetterlinge):
Gettyimages.de/Lilett, Freepik.de/Lilett

**Gettyimages.de:**
S. 6: Lisa Wiltse |S. 8: Steve Terrill | S. 10: Dougal Waters | S. 13: Oksana_Schmidt | S. 17: tracielouise | S. 18: fotoVoyager | S. 20: Maria Zamchy | S. 21: real444 | S. 22: Image Source | S. 24: wundervisuals | S. 26: MarinaMays | S. 27: Macrostore | S. 28: bhofack2 | S. 29: Dougal Waters | S. 31: Polina Ekimova | S. 33: Ekaterina Zirina | S. 36: ICHIRO | S. 37: David De Lossy | S. 41: prill | S. 42: evgenyatamanenko | S. 44: CreativeNature_nl | S. 46: janiecbros | S. 48: benemaleistock | S. 50: Geshas | S. 51: USO | S. 53: Pobytov | S. 54: john shepherd | S. 55: Stefan Tomic | S. 56: abzee | S. 57: syolacan | S. 58: mariusFM77 | S. 60: ArtMarie | S. 63: nataka | S. 66: Jon Lovette | S. 69: Gerard Soury | S. 70: Olha Saiuk | S. 71: nidwlw | S. 72: sandipruel | S. 73: Ariel Skelley | S. 75: eli_asenova | S. 76: AYImages | S. 79: adekvat

**Bildnachweis Cover:** AdobeStock/Rawpixel

**Bildnachweis Umschlag:** Gettyimages/Oksana_Schmidt/ICHIRO

# Inhaltsverzeichnis

# Liebe Leserinnen und Leser,

der Morgenkreis markiert den gemeinsamen Start in den Tag. Hier kommt die Gruppe erstmals am Morgen zusammen, man nimmt einander wahr und begrüßt sich. Der sich rituell wiederholende Morgenkreis gibt den Kindern nicht nur Struktur, sondern vermittelt insbesondere ein Wir-Gefühl. Jedes einzelne Kind ist ein wichtiger Teil der Gruppe und wird als solcher wertgeschätzt. Beim gemeinsamen Singen und Spielen werden zudem soziale Kompetenzen gefördert.

Die Ideen in diesem Buch sollen Ihnen dabei helfen, dieses wichtige Ritual ansprechend und abwechslungsreich zu gestalten. Für jede Jahreszeit ist hier etwas dabei. Führen Sie beispielsweise im Frühling einen Frühjahrsputz für die Seele durch. Jedes Kind wird in Komplimenten gebadet und geht dadurch gestärkt in den Tag hinein. Im Herbst hingegen können Sie den Regen in die Kita holen und das, ganz ohne nass zu werden. Basteln Sie mit den Kindern eine Miniaturwelt, in der es jeden Morgen etwas Neues zu entdecken gibt.

Die Stimmung in der Gruppe ist nicht jeden Tag die gleiche. Daher finden Sie in diesem Buch Ideen für unterschiedliche Anlässe. Mit einem Suchspiel, bei dem sich die Kinder in Eichhörnchen verwandeln, bringen Sie Bewegung in die Gruppe. Während einer Entspannungsidee kehrt wiederrum an einem bewegten Morgen Ruhe ein. Natürlich dürfen auch Klassiker, wie Finger- und Kreisspiele nicht fehlen.

Ich wünsche Ihnen und den Kindern im Morgenkreis viele schöne gemeinsame Momente!

Herzlichst, Ihre

Johanna Graziotto

*Redaktion Praxisideen für die Kita*

# Frühling

# Die Natur erwacht

**Fingerspiel**

**Alter:**
ab 3 Jahren

**Dauer:**
5 Minuten

**Material**
1 kleines, braunes Tuch (z. B. Serviette)

Es ist schon Frühling,
hättest du es gedacht?
Hände mit den Handflächen nach oben halten,
Finger spreizen.
Da schau,
wie die Natur erwacht.
Körper recken und strecken, Hände spreizen.

Idee: Aline Kurt

Noch sind die Tulpen
in der Erde.
Hände zu Fäusten ballen.
Sie hoffen,
dass bald Frühling werde.
Hände über dem Herz verschränken.

Die Sonne gibt
den Tulpen Kraft.
Handflächen übereinanderlegen und eine
Sonne formen.
Bald haben sie
es dann geschafft.
Hände zu Fäusten ballen, dann die Daumen in
die Luft strecken.

Die Tulpen klettern raus
Hände zu Fäusten ballen, langsam Finger für
Finger öffnen.
aus ihrem Bodenhaus.
Tuch auf die Finger legen, langsam wegziehen.

Sie strecken ihre Köpfe
in die Luft.
Eine Hand zur Faust ballen, die andere
darüberlegen und die Arme langsam in die Luft
strecken.
Jetzt kannst du ihn riechen,
den lieblichen Duft.
Hand zur Faust ballen, daran riechen.

# Es hüpft der O-O-Osterhas

## Spiellied

**Alter:**
ab 3 Jahren

**Dauer:**
10 Minuten

**Material**
1 Handvoll Ostergras

Es hüpft der O-O-Osterhas
um uns'ren Kreis herum, bidebum.
Es hüpft der O-O-Osterhas
um uns'ren Kreis herum.
Er hoppelt hin, er hoppelt her,
ihn zu erwischen fällt uns schwer.
Es hüpft der O-O-Osterhas
um uns'ren Kreis herum.

Es hüpft der O-O-Osterhas
um uns'ren Kreis herum, bidebum.
Es hüpft der O-O-Osterhas
um uns'ren Kreis herum.
Er rüttelt sich, er schüttelt sich,
er legt sein Nestchen hinter dich.
Es hüpft der O-O-Osterhas
um uns'ren Kreis herum.

(Melodie: Es tanzt ein Bi-Ba-Butzemann)

### Und so geht's:

Ein Kind wird zum Osterhasen ernannt und darf das Ostergras an sich nehmen. Die übrigen Kinder sitzen im Kreis und singen gemeinsam mit Ihnen das Lied. Währenddessen hoppelt der Osterhase möglichst lautlos außen um den Kreis herum. Am Ende des Liedes lässt er das Ostergras hinter einem der anderen Kinder fallen.
Dieses Kind muss nun den Osterhasen fangen. Gelangt dieser nämlich zuerst an den frei gewordenen Platz, dann wird das Kind automatisch der nächste Osterhase. Kann es jedoch den Osterhasen erwischen, bleibt dieser auch in der nächsten Runde in seiner Rolle.

Idee: Aline Kurt

# Die Welt bestaunen

## Ritual

**Alter:**
ab 4 Jahren
**Dauer:**
10 Minuten (ohne Vorbereitung)

**Material**
1 Blumentopf, Erde, Blumensamen oder Ähnliches, Gießkanne

Keine andere Jahreszeit bietet sich so sehr an, die Kinder das Wachstum der Natur hautnah miterleben zu lassen, wie der Frühling. Knospen sprießen und Blumen beginnen zu blühen. Überall gibt es etwas zu entdecken. Nutzen Sie diese besondere Jahreszeit für ein spannendes Frühlingsritual, in dem die Kinder ihre eigenen Pflanzen beim Wachsen beobachten können.

**Vorbereitung**
Dieses Frühlingsritual begleitet die Kinder über einen längeren Zeitraum. Zunächst müssen jedoch einige Vorbereitungen getroffen werden. An einem warmen Frühlingstag im Freien erhält jedes Kind einen Blumentopf, den es mit Erde befüllt.

Sobald die Erde wohlbehalten im Topf gelandet ist, drücken die Kinder mit den Fingern eine kleine Mulde hinein und legen einige Blumensamen darauf. Vorsichtig werden diese mit Erde bedeckt und angefeuchtet.

**Ein Pflänzchen entsteht**
Sobald die Vorbereitungen abgeschlossen sind, kann das Wachstumsritual starten. Jeden Morgen können die Kinder ihren Blumentopf begutachten. Dabei überprüfen sie vorsichtig, ob die Erde noch feucht genug ist und ob sich schon ein Pflänzchen zeigt.

Steht der Topf an einem sonnigen Plätzchen, wird es nicht lange dauern, bis die Kinder das erste grüne Spitzchen bewundern können. Von nun an gibt es jeden Tag etwas Neues zu bestaunen.

**Tipp:**
Beschriften Sie die Töpfe mit den Namen der Kinder. So ist immer klar, welches Töpfchen wem gehört.

Idee: Aline Kurt

# Frühlingsbad

**Ritual**

**Alter:** ab 4 Jahren
**Dauer:** 20 Minuten

**Material**
1 Stuhl für die Kreismitte dekoriert mit Blumen oder Ähnlichem

### Frühjahrsputz für die Seele

Jedes Jahr im Frühling erwacht alles um uns herum zu neuem Leben. Das wirkt sich auch auf uns und unsere Stimmung aus. Nutzen Sie diese Frühlingsstimmung, um die Kinder in wohligen Gefühlen zu baden.
Das stärkt das Selbstbewusstsein, die Resilienz und macht obendrein gute Laune – auch wenn die erste Frühlingseuphorie bereits wieder etwas verklungen ist.

### Ein Bad der Gefühle

Sobald alle Kinder im Morgenkreis Platz genommen haben, wählen Sie ein Kind aus. Dieses Kind darf sich auf den freien Stuhl in der Mitte setzen. Dort genießt es nun ein wohliges Frühlingsbad. Dazu wird jedoch kein Wasser verwendet. Stattdessen waschen ehrlich gemeinte Komplimente die Stimmung rein.
Wenn das Kind von allen Kindern reihum mit lieben Worten überschüttet wurde, darf das nächste Kind auf dem Stuhl Platz nehmen. Baden Sie auf diese Weise die ganze Gruppe.

### Mit gutem Beispiel voraus

Damit die Kinder wissen, worauf es beim Frühlingsbad ankommt, machen Sie zunächst den Anfang.
Nennen Sie dem Kind in der Kreismitte eine Eigenschaft, Verhaltensweise oder Ähnliches, die Sie generell an ihm schätzen. Oder loben Sie das Kind für etwas, das es in jüngster Zeit gemacht hat.

**Beispiele:**

- Du kannst so toll zuhören.
- Du gibst nie auf.
- Du malst so schön.
- Du kannst toll rennen.
- Du kannst super ausschneiden.
- Du kannst sehr schön singen.
- Du hast neulich einem anderen Kind geholfen, das war super.

Idee: Aline Kurt

# Der kleine Igel erwacht

## Signalwortgeschichte

**Alter:**
ab 4 Jahren
**Dauer:**
15 Minuten

Igel – klatschen
Kranich(e) – mit dem Fuß aufstampfen
Kuckuck – winken
Marienkäfer – beide Hände heben

Heute ist ein wunderschöner Frühlingstag. Die Sonne lacht hoch oben am Himmel und wärmt alle Pflanzen und Tiere auf der Erde.

Unten auf der großen Wiese am Bach ist plötzlich ein lautes Rascheln zu hören. Altes Herbstlaub scheint sich wie von Zauberhand zu bewegen. Es ist fast so, als würden die Blätter von der Sonne zu neuem Leben erweckt.

Da erscheint eine schwarze, runde Kugelnase inmitten des großen Blätterhaufens. Sie gehört Ignaz, dem kleinen **Igel**. Unter dem großen Blätterberg ist es dem **Igel** viel zu warm geworden. Das kann nur eins bedeuten: Der Frühling ist endlich da!

Im Frühling wird es für jeden **Igel** Zeit, aufzustehen. Der lange Winterschlaf hat nun ein Ende. Vorsichtig reckt **Igel** Ignaz sein Köpfchen in die Sonne.

„Oh, wie wunderbar", denkt Ignaz und atmet die himmlische Frühlingsluft ein.
Während der **Igel** verträumt die Landschaft bewundert, hört er über sich ein lautes Geschrei. Verwundert schaut Ignaz zum Himmel.

Hoch oben entdeckt er einen riesigen Schwarm **Kraniche**. Die Vögel sind auf dem Weg in ihre Heimat. Alle **Kraniche** haben den Winter in warmen Ländern verbracht.

Nun, da der Frühling endlich wieder da ist, wollen die **Kraniche** jedoch zurück nach Hause.

Ignaz, der **Igel**, freut sich über den Ruf der **Kraniche**. Für den **Igel** ist der **Kranichruf** eine tolle Musik. Sie läutet den Frühling ein.

Voller Freude beobachtet der kleine **Igel**, wie die **Kraniche** zu ihm an den Bach fliegen. Hier will sich die Familie ein wenig ausruhen, baden und ihren Durst stillen.

Der erste **Kranich** landet direkt neben seinem Laubhaufen.
„Hey, was soll das? Das ist mein Platz!", ruft plötzlich eine aufgeregte Stimme, direkt neben dem kleinen **Igel**. Verwundert sieht sich Ignaz um.

Es ist Karl, sein alter Freund. Karl ist ein **Kuckuck**. Er ist wie die **Kraniche** ein Zugvogel und verbringt den Winter lieber in anderen Ländern. In Deutschland ist es dem **Kuckuck** eindeutig zu kalt.

„Oh, Karl. Du bist ja auch schon wieder hier", freut sich der kleine **Igel**.

„Na klar. Ich bin zusammen mit den **Kranichen** hergeflogen. Meine Familie war mir in diesem Jahr zu langsam. Ich konnte es nämlich nicht abwarten, dich zu sehen", antwortet der kleine **Kuckuck**.

Ignaz lacht. Das ist so typisch für seinen Freund. Auch eine andere alte Freundin gesellt sich zu den beiden. Es ist Mimi, der **Marienkäfer**. Der **Igel** und der **Kuckuck** freuen sich sehr, den **Marienkäfer** zu sehen. Doch Mimi muss sich erst einmal stärken. Sie macht sich auf die Suche nach etwas Essbarem.

„Diese **Marienkäfer** haben aber auch nie Zeit für einen Plausch", beschwert sich Karl, der **Kuckuck**.

Da muss der kleine **Igel** lachen. Schließlich ist der **Kuckuck** im Frühling immer besonders in Eile. Und als hätte Ignaz es geahnt, macht sich sein Freund, der **Kuckuck**, auch schon auf den Weg. Er will nämlich in diesem Jahr als Erster sein Nest bauen.

Auch der kleine **Igel** macht sich auf die Suche nach etwas Essbarem. Während er genüsslich mampft, beobachtet er die vielen **Kraniche** und seine Freude: den **Kuckuck** und den **Marienkäfer**.

Wie schön, dass sie alle wieder vereint sind!

Idee: Aline Kurt

# Komm, wir malen Ostereier an!

## Mitmachgeschichte

**Alter:**
ab 3 Jahren
**Dauer:**
10 Minuten

**Material**
1 Stuhl für jedes Kind

Bald ist Ostern. Freust du dich?
*Auf dem Stuhl sitzend auf und ab hüpfen, jubeln.*

Der Osterhase schenkt dir dann viele bunte Eier.
*Mit den Händen ein Ei formen, aufstehen und einmal um den Stuhl laufen.*

Doch zuerst braucht er deine Hilfe.
*Arme seitlich anwinkeln, Unterarme und Hände zeigen dabei nach oben.*

Der Osterhase kann nämlich unmöglich alle Eier allein anmalen. So viele Hände hat er ja gar nicht.
*Hände nach oben ausstrecken, hin- und herdrehen.*

Komm, wir machen uns ans Werk. Zunächst müssen wir die Eier kochen.
*Imaginäre Eier in einen imaginären Topf legen.*

Nach dem Abkühlen können wir sie bunt anmalen.
*Eier mit einem imaginären Pinsel anmalen.*

Jetzt muss der Osterhase die Eier nur noch abholen.
*Einmal um den Kreis herumlaufen und sich wieder auf den eigenen Platz setzen.*

Dabei dürfen wir ihn leider nicht sehen.
*Hände vors Gesicht halten.*

Jetzt heißt es warten!
*Mit den Füßen auf dem Boden scharren.*

Während du schläfst …
*Hände falten, den Kopf darauf betten und die Augen schließen.*

… kommt dann endlich der Osterhase!
*Erneut einmal um den Kreis herumlaufen und wieder auf dem Stuhl Platz nehmen.*

Da, schau, was er dir alles gebracht hat.
*Sich hinter den Stuhl stellen, bücken und ein imaginäres Osternest aufheben.*

Idee: Aline Kurt

# Alle Blumen blühen

**Bewegungslied**

**Alter:**
ab 2 Jahren
**Dauer:**
5 Minuten

Alle Blumen blühen,
Arme heben, in einem Bogen
wieder nach unten führen.
schau dich nur mal um,
schau dich nur mal um.
Nach links, rechts, geradeaus
und hinten schauen.
Draußen ist nun Frühling.
Nach draußen zeigen.
Ach, wie ist das schön!
Auf der Stelle tanzen.

Kannst du ihn auch riechen,
Die Nase in die Luft recken.
diesen Frühlingsduft,
diesen Frühlingsduft?
Einladende Geste
mit den Armen machen.
Kannst ihn sogar hören,
Hand hinters Ohr halten.
Frühling singt für dich.
Auf die anderen Kinder zeigen.

(Melodie: Alle meine Entchen)

Idee: Aline Kurt

# Die Vögel kommen heim

## Bewegungsspiel

**Alter:** ab 5 Jahren
**Dauer:** 15 Minuten

**Material**
Bilder von Zugvögeln

Im Frühling kommen sie in Scharen zurück, die Zugvögel! Sicher kennen die Kinder schon einige Zugvögel. In diesem Spiel können sie noch ein paar neue kennenlernen und gleichzeitig ihrem natürlichen Bewegungsdrang nachgehen!

**Vorbereitung**
Teilen Sie die Kinder in drei möglichst gleich große Gruppen ein. Jeder Gruppe weisen Sie einen der Zugvögel aus der Liste unten zu.
Sobald jedes Kind seinen Zugvogelnamen kennt, nehmen alle im Sitzkreis Platz. Dabei dürfen und sollen sich die Gruppen untereinander mischen.

**Die Reise beginnt**
Wählen Sie nun einen der zugeordneten Zugvögel, beispielsweise den Kuckuck, aus und rufen laut: „Kuckuck!"
Jetzt sind alle Kuckuckskinder gefragt. Sie stehen auf und laufen um den Sitzkreis herum. Wer von den Kuckuckskindern zuerst aufsteht, darf den Vogelschwarm anführen. Dabei sagt das Kind:

*„Ich mach mich heute auf die Reise.*
*Wer begleitet mich dabei ganz leise?"*

Jetzt nennt das Kind einen anderen der zugewiesenen Zugvögel, beispielsweise die Nachtigall. Das Nachtigallenkind, das als Erstes aufspringt, darf sich der Reise um den Kreis herum anschließen. Verfahren Sie auf diese Weise, bis kein Kind mehr im Kreis sitzt.

Besonders anschaulich wird das Spiel, wenn Sie den Kindern vorab Bilder der ausgewählten Zugvögel zeigen.

### Ausgewählte Zugvögel:

- Weißstorch
- Schwarzstorch
- Kranich
- Kuckuck
- Mauersegler
- Schwalbe
- Kiebitz
- Singdrossel
- Nachtigall
- Hausrotschwanz

Idee: Aline Kurt

# Frühling auf dem Bauernhof

## Sinnesspiel

**Alter:**
ab 3 Jahren
**Dauer:**
15 Minuten

**Material**
Bilder von Bauernhoftieren

Im Frühling ist auf einem Bauernhof so einiges los. Tierbabys machen die Ställe und Weiden unsicher. In diesem Spiel begrüßen die Kinder zusammen mit den Tieren den Frühling.

**Wer lebt auf dem Bauernhof?**
Bevor es mit diesem Sinnesspiel losgeht, das die auditive Wahrnehmung fördert, stimmen Sie sich und die Kinder darauf ein. Heute steht ein imaginärer Bauernhofbesuch an. Waren die Kinder schon einmal auf einem Bauernhof?

Vielleicht können Sie ja auch von einem eigenen Besuch berichten. Jedes Jahr aufs Neue begrüßen die Bauernhoftiere glücklich den Frühling. Dabei spricht jedes Tier seine eigene Sprache:

Der Hahn kräht, die Kuh muht, der Esel ruft IAA, das Schaf mäht, der Hund bellt, die Katze miaut, die Ente quakt und das Schwein macht Grunzlaute.

**Tipp:**
Wenn Sie den Kindern die Tierstimmen zu Beginn nicht selbst vormachen wollen, können Sie ihnen auch Audiodateien aus dem Internet vorspielen. Nutzen Sie die Bilder, um das Spiel visuell zu begleiten.

**Wer spricht denn da?**
Machen Sie den Kindern die Laute vor. Nachdem die Kinder alle Tierstimmen kennenglernt haben, kann das Spiel beginnen. Ein Kind fängt an. Es wählt eines der Tiere aus und macht das passende Geräusch nach.

Wer zuerst errät, um welches Tier es sich dabei handelt, darf nun in die Rolle eines anderen Bauernhofbewohners schlüpfen und diesen imitieren.

Idee: Aline Kurt

# Ich sehe auf der Frühlingswiese ...

## Bewegungsspiel

**Alter:**
ab 5 Jahren
**Dauer:**
15 Minuten

Im Frühling erwacht die Natur und mit ihr die Tiere. Überall fliegt, summt und krabbelt es. Überlegen Sie gemeinsam mit den Kindern im Morgenkreis, welche Tiere im Frühling zu bestaunen sind.

Fertigen Sie gemeinsam eine Liste an oder nutzen Sie die unten abgedruckte.
Jedes Kind darf sich nun ein Tier aussuchen, je unterschiedlicher, desto besser.

**Ich sehe auf der Frühlingswiese**
Hat sich jedes Kind ein Tier ausgesucht, entfernen Sie einen Stuhl aus dem Sitzkreis. Das Kind ohne Sitzplatz stellt sich nun in die Kreismitte. Von dort aus blickt es sich um und sagt dann beispielsweise:

*„Ich sehe eine Raupe, einen Marienkäfer und einen Igel auf der Frühlingswiese."*

Die genannten Tierkinder müssen nun blitzschnell ihre Plätze tauschen. Währenddessen versucht das Kind aus der Kreismitte, einen der freigewordenen Plätze zu erwischen.

Gelingt ihm dies, stellt sich das nächste Kind ohne Sitzplatz in die Kreismitte und erzählt, was es dort entdeckt. Spielen Sie so lange, bis alle zugeordneten Tiere zumindest einmal genannt worden sind.

Idee: Aline Kurt

### Mögliche Tiere:

- Bienen
- Marienkäfer
- Hummeln
- Ameisen
- Raupen
- Frösche
- Igel
- Vogelkinder

# Frühling für die Sinne

**Sinnesspiel**

**Alter:**
ab 3 Jahren
**Dauer:**
je 15 Minuten

**Material**
1 Tuch, 1 Stofftasche oder Säckchen, Naturmaterialien wie z. B. 1 Gänseblümchen, Grashalme, unterschiedliche Blätter von Laubbäumen, 1 Stein

Mit diesen beiden Spielen holen Sie den Frühling ganz einfach in Ihren Morgenkreis.

## Spiel 1: Was fehlt?

Für dieses Spiel breiten Sie ein Tuch in der Kreismitte aus. Darauf legen Sie alle Naturschätze. Nachdem die Kinder diese in aller Ruhe betrachtet und auch benannt haben, müssen sich alle Kinder einmal kurz umdrehen.
Währenddessen entfernen Sie einen der Schätze. Damit die Kinder den freigeworden Platz nicht auf den ersten Blick erkennen, können Sie die übrigen Materialien rasch etwas näher zueinander legen.
Das Kind, das den fehlenden Naturschatz zuerst benennt, erhält diesen. Gewonnen hat, wer zum Schluss die meisten Naturmaterialien gesammelt hat.

## Spiel 2: Den Frühling fühlen und riechen

Füllen Sie für dieses Spiel alle Naturmaterialien in ein kleines Säckchen oder in eine Stofftasche. Achten Sie darauf, dass Sie pro Kind mindestens einen Naturgegenstand vorliegen haben.
Nun dürfen die Kinder mit geschlossenen Augen reihum in das Säckchen greifen. Wer an der Reihe ist, beschreibt den Gegenstand: hart, weich, glatt, rau, groß oder klein. Ist sich das Kind sicher, um was es sich dabei handelt, darf es den Namen nennen und den Naturgegenstand anschließend herausnehmen. Hat das Kind den richtigen Namen genannt, darf es den Gegenstand an sich nehmen. Falls nicht, hat es einen weiteren Versuch.

Idee: Aline Kurt

# Bienenkönigin

## Kreisspiel

**Alter:**
ab 4 Jahren
**Dauer:**
20 Minuten

**Wer ist die Bienenkönigin?**
Wählen Sie zunächst auf freiwilliger Basis eine Bienenkönigin bzw. einen Bienenkönig aus. Die anderen Kinder sind das Bienenvolk. Das Königskind stellt sich in die Mitte, während die Bienenkinder sich paarweise zusammenfinden.

Bei gerader Kinderanzahl dürfen Sie natürlich gerne mitspielen. Die Bienenpaare stellen sich nun in einem großen Kreis um die Bienenkönigin bzw. den Bienenkönig auf.

**Alles hört auf mein Kommando!**
Wie es sich für eine echte Bienenkönigin bzw. einen echten Bienenkönig gehört, darf das Kind nun seinem Bienenvolk Anweisungen geben. Beispiele dafür, wie diese aussehen könnten, finden sich im Kasten.

Die Bienen müssen nun die Anweisungen befolgen. Aber aufgepasst! Sobald das Königskind nämlich „Emsige Bienen!" ruft, müssen die Kinder ihre Partner tauschen. Das Bienenpaar, das zuletzt zusammenfindet, scheidet aus.

**Spielende**
Das Spiel endet, wenn nur noch ein Paar übrig ist.

### Mögliche Anweisungen:

- Flattert im Kreis herum.
- Schüttelt eure Hände.
- Alle Bienen tanzen.
- Alle Bienen hüpfen auf der Stelle.
- Alle Bienen stampfen mit dem Fuß auf.
- Alle Bienen klatschen in die Hände.
- Streicht euch über den Kopf.
- Legt eure Hände auf den Rücken eures Partners.

Idee: Aline Kurt

# Hüpfende Käfer

## Geschicklichkeitsspiel

**Alter:**
ab 3 Jahren
**Dauer:**
15 Minuten

**Material**
unterschiedliche Knöpfe (verschiedene Farben und Größen), Ostergras, Schüssel

**Welche Käfer gehören zu mir?**
Endlich ist der Frühling da! Die Käfer können es nach dem langen Winter gar nicht abwarten, endlich wieder ins saftige Gras zu springen. In diesem Spiel sind die Knöpfe die Käfer.

Jedes Kind sucht sich 3 Knöpfe in derselben Farbe oder Größe aus. Währenddessen breiten Sie das Ostergras in der Kreismitte aus. Erklären Sie den Kindern, dass es sich bei dem Ostergras um eine Frühlingswiese handelt. Dorthin wollen die Käfer.

**Wir lassen die Käfer springen und fliegen**
Die Kinder positionieren sich nun im Sitzkreis um die Wiese herum. Achten Sie darauf, dass alle den gleichen Abstand zum Ostergras haben. Stellen Sie dann eine Schüssel mittig auf das Gras.

Abwechselnd dürfen die Kinder nun immer einen Käfer hüpfen bzw. fliegen lassen. Dabei versuchen die Kinder, ihre Knöpfe möglichst in die Schüssel zu werfen. Wer die meisten Treffer erzielt, hat gewonnen.

### Tipp:

Sie können das Spiel auch als Mannschaftsspiel gestalten. Teilen Sie die Kinder dazu vorab in zwei möglichst gleich große Gruppen ein. Die Spieler einer Mannschaft erhalten alle Knöpfe in der gleichen Farbe. Beispielsweise erhält Team A rote und Team B blaue Knöpfe. Welche Mannschaft kann die meisten Käfer in die Schüssel fliegen lassen?

Idee: Aline Kurt

# Fliegender Marienkäfer

**Ratespiel**

**Alter:**
ab 3 Jahren
**Dauer:**
15 Minuten

**Material**
1 großer, roter Knopf oder 1 Walnussschalenhälfte,
1 schwarzer Permanentmarker, ggf. rote Farbe

**Unser Knopf wird ein Marienkäfer**
Für dieses Spiel verwandelt sich ein roter Knopf in einen Marienkäfer. Damit der Knopf auch Ähnlichkeit mit einem Marienkäfer bekommt, malen Sie zunächst einige schwarze Punkte auf.

Nach dem Trocknen ist der Marienkäfer einsatzbereit. Alternativ können Sie auch eine Walnussschalenhälfte rot anmalen und mit schwarzen Punkten versehen.

**Wo ist der Marienkäfer gelandet?**
Jetzt geht es los. Ein Kind darf in die Mitte des Sitzkreises gehen und dort die Augen schließen.

Währenddessen reichen die anderen Kinder hinter ihren Rücken den Knopf so lange weiter, bis das Kind in der Mitte „Stopp!" ruft.

Jetzt darf das Kind raten, bei wem der Marienkäfer wohl gelandet ist. Wenn das Kind richtig rät, tauschen die beiden Kinder die Plätze. Das andere Kind darf nun raten.

Liegt das Kind in der Kreismitte allerdings falsch, wird das Spiel eine weitere Runde in dieser Besetzung gespielt.

Idee: Aline Kurt

# Der kleine Osterhase

## Fingerspiel

**Alter:**
ab 3 Jahren
**Dauer:**
15 Minuten

Karl, der kleine Osterhase,
Zeige- und Mittelfinger spreizen,
den Daumen auf Ring- und kleinen Finger legen.
sitzt fröhlich in dem grünen Grase.
Die Osterhasenhand fröhlich drehen.

Er bastelt an 'nem Osternest
Die Finger beider Hände mehrmals spreizen und
rasch wieder zu Fäusten ballen.
für dein schönstes Osterfest.
Arme seitlich nach oben ausstrecken,
dabei die Finger spreizen.

Dafür saust er hin und her
Hände schnell nach links und
rechts bewegen.
und freut sich dabei ja so sehr.
Hände auf und ab hüpfen lassen.

Er will dir eine Freude machen,
Den eigenen Körper umarmen.
belohnst du ihn mit deinem Lachen?
Hände links und rechts an den Kopf legen,
dabei lächeln.

Idee: Aline Kurt

# Sommer

# Sommerfest der Fische

## Klanggeschichte

**Alter:**
ab 3,5 Jahren
**Dauer:**
5 Minuten

**Instrumente**
Fisch: rasseln (alternativ: „Blubb!“ rufen)

Die Aufregung im weiten Meer ist groß – gleich beginnt das Sommerfest. Die **Fischkinder** Franz und Frieda sind ganz aufgeregt. Sie haben noch nicht viele Feste gefeiert.

„Frieda, was meinst du, was es alles auf dem Fest gibt?“ **Fisch** Frieda strahlt über das ganze Gesicht. „Ich habe gehört, dass es Spiele für uns **Fischkinder** gibt! Außerdem soll da ein großes Buffet stehen. Mit Blubbertee!“ **Fisch** Franz strahlt nun auch. „Dann lass uns schnell hinschwimmen!“

Der Festplatz ist mit Girlanden geschmückt und bunte Lichter leuchten überall. Das Geblubber ist groß. Viele **Fische** feiern schon.
„Lass uns zu den Spielen schwimmen!“, schlägt **Fisch** Franz vor. „Was sollen wir als Erstes machen?“, fragt Frieda. Es gibt drei Stationen: Slalomschwimmen, Algenweitwurf und einen Hindernisparcours. „Lass uns mit dem Slalomschwimmen anfangen“, schlägt Franz vor.

Die beiden **Fische** stellen sich an und sind bald am Start. „Auf die Plätze – fertig – los!“ Franz und Frieda schwimmen um die Wette – immer im Zick-Zack um die Steine herum. Nahezu gleichzeitig kommen die **Fische** am Ziel an.

„Das hat Spaß gemacht! Nun lass uns zum Hindernisparcours schwimmen!“ Der Hindernisparcours ist gar nicht so einfach: Die **Fische** müssen unter einer Steinbrücke hindurchschwimmen, dann steil am Felsen hoch, eine scharfe Rechtskurve machen und anschließend durch das Algenfeld. In einem großen Looping geht es zum Schluss ins Ziel.

Frieda sieht skeptisch aus. „Meinst du, wir schaffen das?“ – „Na klar!“ Franz ist sich sicher. Die beiden **Fischkinder** stehen am Start.

Gemeinsam schwimmen sie los. Die Steinbrücke schaffen sie spielend. Das steile Hochschwimmen ist schon für große **Fische** schwierig, aber die **Fischkinder** schaffen das.

Im Algenfeld verheddern sie sich, können sich aber leicht befreien. Nun noch das Looping – und schon sind sie am Ziel angekommen.

Franz und Frieda lachen. „Das war ja doch gar nicht so schwer!“ **Fisch** Frieda meint: „Bevor wir zum Algenweitwurf gehen, muss ich erstmal etwas trinken!“ Die beiden holen sich einen Blubbertee. Anschließend genießen sie Köstlichkeiten vom Buffet. Hier ist für jeden **Fisch** etwas dabei.

Die **Fische** Franz und Frieda besuchen immer wieder die Spielstationen, treffen **Fischfreunde** und essen und trinken sich richtig satt. „Das ist das beste Fest, das wir bisher gefeiert haben!“ Da sind sich die beiden **Fischfreunde** einig.

Idee: Kathrin Eimler

# Eisdiele

## Kreisspiel

**Alter:** ab 3,5 Jahren
**Dauer:** 5 Minuten

**Material**
Je 5 Karten mit Eissorten (Erdbeere, Schokolade, Zitrone, Waldmeister, Nuss)

Alle Kinder essen gern Eis. In diesem Kreisspiel darf sich jedes Kind in eine Eissorte verwandeln und in die imaginäre Eisdiele eintreten. Ein fröhliches Plätzewechseln fördert zudem die auditive Wahrnehmung in Verbindung mit dem Reaktionsvermögen.

**Auf die Plätze, fertig, los!**
Die Kinder sitzen in einem Stuhlkreis. Jedes Kind darf sich eine Karte mit einer Eissorte aussuchen.

Ein Stuhl wir nun beiseite gestellt. Ein Kind darf jetzt Eis bestellen und ruft eine Eissorte auf. Die Kinder mit der jeweiligen Eissorte tauschen den Platz.

Der Eiskäufer versucht, einen leeren Platz zu ergattern. Das Kind, das keinen Platz bekommen hat, darf als Nächstes ein Eis bestellen.

Ruft der Eiskäufer jedoch „Eisbecher!", müssen alle Kinder die Plätze tauschen. Das Kind, das hier übrigbleibt, darf jetzt ein Eis bestellen.

### Variante: Im Meer

Passend zum Sommer können Sie dieses Spiel auch mit Meerestieren spielen.
Verteilen Sie Karten mit Meerestieren (Fisch, Qualle, Seepferdchen, Hai, Wal) und bestimmen Sie ein Kind als Fischer. Dieser angelt verschiedene Meeresbewohner. Ruft er jedoch „Fischernetz!", tauschen alle Kinder den Platz.

Idee: Kathrin Eimler

# Ich sehe dich und du siehst mich

## Kennenlernspiel

**Alter:**
ab 3,5 Jahren
**Dauer:**
5 Minuten

**Material**
Bildkarten (Haarfarben, Augenfarben, Kleidung)

Wenn nach den Sommerferien neue Kinder in die Gruppe kommen, müssen sich die Kinder erst einmal kennenlernen.

Nicht alle Kinder sprechen von Anfang an gerne. Manche verstehen die Sprache nicht richtig. Damit die Kinder sich trotzdem sehen und gegenseitig wahrnehmen, können Sie dieses Kennenlernspiel – ohne viele Worte – im Morgenkreis spielen.

**Vorbereitung**
Bereiten Sie dafür Bildkarten mit möglichen Eigenschaften der Kinder vor. Hierfür eignen sich beispielsweise verschiedene Haar- und Augenfarben. Aber auch Karten mit Symbolen der Kleidung sind möglich: kurze und lange Hose, Rock, Socken, Sandalen, Turnschuhe, Strickjacke, Käppi etc.

Mischen Sie die Karten nun gut durch oder legen Sie sie in ein Körbchen.

**Und schon geht es los**
Ein Kind darf nun eine Karte ziehen. Alle Kinder, auf die die Eigenschaft zutrifft, dürfen nun aufstehen. Sie können den Kindern eine Aufgabe stellen: verbeugt euch, geht einmal im Kreis, hüpft auf und ab, dreht euch im Kreis u. Ä. Die Kinder sehen sich und nehmen sich gegenseitig wahr. Sie merken sich, welche Kinder zu der eigenen Gruppe gehören.

Wer ganz mutig ist, darf auch seinen Namen sagen.

Wenn alle Kinder die Aufgabe bewältigt haben, dürfen sie sich wieder hinsetzen und die nächste Karte wird gezogen.
Achten Sie beim Herstellen der Karten darauf, dass jedes Kind mit mindestens einer Eigenschaft vertreten ist, so wird kein Kind ausgeschlossen.

Idee: Kathrin Eimler

# Hasenkinder in Gefahr

## Klanggeschichte

**Alter:**
ab 3 Jahren
**Dauer:**
5 Minuten

**Material**
Klanghölzer für jedes Kind

Im Sommer kann man immer wieder Hasen auf den Feldern hoppeln sehen. In dieser Geschichte begleiten Sie die Hasenkinder Romy und Bongo instrumentalisch mit Klanghölzern.

Die kleinen Hasenkinder Romy und Bongo sind quietschvergnügt. Heute dürfen sie das erste Mal allein draußen spielen. Kaum blinzelt die Sonne in den Hasenbau, hoppeln die beiden los.
*Die Klanghölzer locker schlagen.*

Der Hasenbau liegt direkt am Wiesenrand. „Lass uns über die Wiese hoppeln!", ruft Romy.
*Die Klanghölzer locker schlagen.*

„Die Blumen duften aber gut!", stellt Romy fest. „Guck mal, da hinten fliegt ein Schmetterling!", ruft Bongo.
*Die Klanghölzer schnell schlagen.*

Romy flitzt hinterher.
*Die Klanghölzer schnell schlagen.*

Der Schmetterling hat sich versteckt. Die beiden Hasenkinder können ihn nicht mehr entdecken. Da hebt Bongo die Nase: „Riechst du auch das, was ich rieche?" Romy schnüffelt: „Ja, ich rieche Möhrchen." Die Hasenkinder hoppeln gemütlich zum Wiesenrand.
*Die Klanghölzer langsam schlagen.*

Auf dem Feld nebenan wachsen die herrlichsten Möhren. Schnell rupfen sie sich welche aus der Erde und knabbern genüsslich daran. Ihre Ohren wackeln dabei hin und her. Sie lauschen nach Gefahren. Plötzlich hören sie ein Knacken. Bongo bekommt einen Schreck: „Romy, der Fuchs schleicht da vorne herum." Blitzschnell hoppeln beide los!
*Die Klanghölzer sehr schnell schlagen.*

Idee: Kathrin Eimler

Sie schlagen Haken um Haken.
*Die Klanghölzer sehr schnell schlagen.*

Der Fuchs ist dicht hinter ihnen. Sie hoppeln schneller und schneller.
*Die Klanghölzer sehr schnell schlagen.*

Der rettende Hasenbau ist in Sicht. Mit einem riesigen Sprung sind sie im Hasenbau verschwunden.
*Die Klanghölzer einmal laut schlagen.*

„Da haben wir aber Glück gehabt!“, seufzt Romy. Sie ist noch ganz außer Puste. „Nächstes Mal hoppeln wir nicht so weit weg!“, meint Bongo.
Nach einer Weile ist der Fuchs verschwunden. Die beiden Hasenkinder machen sich wieder auf den Weg und hoppeln noch den ganzen Nachmittag auf der Wiese herum.
*Die Klanghölzer locker schlagen.*

Am Abend können Romy und Bongo gut schlafen!

# Der Ausflug ist schön

**Mitmachlied**

**Alter:**
ab 3 Jahren

**Dauer:**
5 Minuten

Die Sonne scheint warm,
wir gehen hinaus,
wir wollen viel sehen
und fliegen nun aus.
Auf der Stelle gehen.

**Refrain**
Der Ausflug ist schön, der Ausflug ist schön,
es ist so toll, was wir alles sehn! (2x)
Arme umeinanderrollen.

Wir steigen aufs Fahrrad
und fahren hinaus,
wir radeln, wir radeln
in die Sonne hinaus.
Ein imaginäres Fahrrad fahren.

Wir sehen die Berge
und steigen hinauf,
wir klettern und klettern
bergab und bergauf.
Fäuste übereinanderstapeln.

Idee: Kathrin Eimler

Wir fahren zum See
und springen hinein,
wir schwimmen und planschen,
schöner kann es kaum sein.
Schwimmbewegungen machen.

Wir essen auch gerne
ein riesiges Eis,
das schmeckt uns so lecker,
denn draußen ist es heiß.
Den Bauch reiben.

Wir sitzen auf der Wiese
und träumen so schön
von Blumen und Käfern,
die können wir hier sehn.
Einmal in die Hände klatschen, schunkeln.

(Melodie: Maikäfer Hugo)

# Die hungrige kleine Mücke

**Mitmachgedicht**

**Alter:**
ab 3 Jahren
**Dauer:**
5 Minuten

Guck mal hier, im hohen Bogen
Zeigefinger kommt angezappelt.
kommt eine Mücke angeflogen!
Finger zappelt vor dem Gesicht herum.

Die Mücke sagt: „Mir knurrt laut der Magen!
Ich könnte was zu essen vertragen!"
Brumm-Geräusch machen und mit der anderen Hand den Bauch streicheln.

Sie fliegt auf meinen Arm.
Mücke auf dem Arm landen lassen.
Hier macht sie einen kleinen Stich,
Finger einknicken, „piek" sagen.
trinkt und sagt: „Satt bin ich nicht!"
Schlürfgeräusche machen, Kopf schütteln.

Sie fliegt auf mein Bein.
Mücke auf dem Bein landen lassen.
Hier macht sie einen kleinen Stich,
Finger einknicken, „Piek" sagen.
trinkt und sagt: „Satt bin ich nicht!"
Schlürfgeräusche machen, Kopf schütteln.

Sie fliegt auf meinen Kopf.
Mücke auf dem Kopf landen lassen.
Hier macht sie einen kleinen Stich,
Finger einknicken, „Piek" sagen.
trinkt und sagt: „Satt bin ich nicht!"
Schlürfgeräusche machen, Kopf schütteln.

Sie fliegt auf meinen Fuß.
Mücke auf dem Fuß landen lassen.
Hier macht sie einen kleinen Stich,
Finger einknicken, „Piek“ sagen.
trinkt und sagt: „Satt bin ich nicht!“
Schlürfgeräusche machen, Kopf schütteln.

Sie fliegt auf meine Hand.
Mücke auf der Hand landen lassen.
Hier legt sie sich hin und sagt:
Finger auf die Hand legen.
„Mein Bauch ist doch voll, oh, wie fein!“
Bauch reiben, glücklich nicken.
Da schläft die Mücke ganz schnell ein.
Schnarchen

Ich puste sie nun ganz schnell fort,
Gegen den Finger pusten, Finger wegbewegen.
dann isst sie später an einem anderen Ort!
Dem Finger hinterherwinken.

Idee: Kathrin Eimler

# Die Reise der Sonne

## Mitmachgeschichte

**Alter:**
ab 3,5 Jahren
**Dauer:**
5 Minuten

Es ist früh am Morgen. Die Sonne schläft noch.
*Mit gebeugtem Rücken auf dem Boden hocken.*

Langsam wacht sie auf und steigt am Himmel empor.
*Wirbel für Wirbel wird der Oberkörper langsam aufgerichtet, die Arme hängen herunter und werden langsam nach oben gestreckt.*

Als sie oben angekommen ist, reckt sie ihre Strahlen in alle Richtungen.
*Die Arme hochrecken, den Körper strecken.*

Sie dreht sich hin und her, damit ihre Sonnenstrahlen die ganze Welt erreichen.
*Langsam hin- und herdrehen.*

Als die Sonne so hoch am Himmel steht, beobachtet sie das bunte Treiben auf der Erde.

Als Erstes entdeckt sie ganz viele Kinder. Die laufen zum See *(auf der Stelle laufen)*, springen hinein *(einmal hochspringen)* und planschen mit dem Wasser *(Hände zappeln lassen)*.

Einige Kinder können schon schwimmen und schwimmen eine große Runde.
*Schwimmbewegungen machen.*

Ein Stück weiter auf einem Feld fährt der Bauer mit dem Trecker.
*Imaginäres Lenkrad lenken.*

Idee: Kathrin Eimler

Er erntet das Getreide mit seinem Mähdrescher.
*Arme umeinanderrollen.*

Auf dem Bauernhof schleicht eine Katze um die Scheune.
*Schleichende Gehbewegungen machen.*

Sie hat eine Maus entdeckt. Die Maus hat aber auch die Katze bemerkt und trippelt schnell in ihr Mäuseloch.
*Schnelle Trippelbewegungen machen.*

Nun fliegen ein paar Vögel durch die warmen Sonnenstrahlen hindurch.
*Flugbewegungen machen.*

Die Sonne freut sich, denn Menschen und Tiere genießen einen wunderschönen Sommertag im warmen Sonnenschein.

Sie streckt ihre Strahlen noch einmal in alle Richtungen aus.
*Die Arme hochrecken, den Körper strecken.*

Später am Tag zieht sie ihre Strahlen zurück.
*Arme an den Körper führen.*

Die Sonnenstrahlen werden kleiner und die Sonne geht langsam unter.
*Sich langsam wieder hinhocken.*

Schon bald ist sie nicht mehr zu sehen und die ganze Welt schläft ein.

# Wer oder was bin ich?

## Sommerrätsel

**Alter:**
ab 3,5 Jahren
**Dauer:**
5 Minuten

Sie leuchtet gelb und
wärmt so schön,
oben am Himmel kann
ich sie strahlen sehen.
(Sonne)

Wenn ich das hab, geb ich
es nicht wieder her,
ich mag es in Schokolade
und Vanille – auch andere
Sorten liebe ich sehr.
(Eis)

In dieses Ding kommt Wasser hinein,
planschen kann ich darin nun sehr fein.
(Planschbecken, Pool)

Rot und süß und rund
verschwinden sie in
meinem Mund.
(Kirschen)

Ich mache es auf die Haut, doch ich
möchte mich nicht schminken.
Es ist weiß und flüssig und ich
kann es nicht trinken.
(Sonnencreme, Sonnenmilch)

Hiermit habe ich sehr viel Spaß,
oft werde ich beim Spielen nass.
(Wasser)

Auf dem Kopfe schützt er mich
vor einem fiesen Sonnenstich.
(Sonnenhut)

Meine Füße buddele ich darin ein,
ganz versteckt sollen sie hier sein.
(Sand)

Idee: Kathrin Eimler

# Ein Fischlein schwimmt im Meer herum

**Spiellied**

**Alter:**
ab 3,5 Jahren
**Dauer:**
5 Minuten

Ein Fischlein schwimmt im Meer herum, im Meer herum, im Meer herum, ein Fischlein schwimmt im Meer herum, im Meer herum.

Es findet einen and'ren Fisch, and'ren Fisch, and'ren Fisch, es findet einen and'ren Fisch, and'ren Fisch.

Zwei Fische schwimmen nun im Meer, nun im Meer, nun im Meer, zwei Fische schwimmen nun im Meer, nun im Meer.

Jeder sucht sich einen Freund, einen Freund, einen Freund, jeder sucht sich einen Freund, einen Freund.

Vier Fische schwimmen nun im Meer, nun im Meer, nun im Meer, vier Fische schwimmen nun im Meer, nun im Meer.

Jeder sucht sich einen Freund, einen Freund, einen Freund, jeder sucht sich einen Freund, einen Freund.

*(Weiterspielen, bis alle Kinder als Fische im Meer herumschwimmen.)*

Auf einmal schwimmt ein Hai herbei, Hai herbei, Hai herbei, auf einmal schwimmt ein Hai herbei, Hai herbei!

Alle Fischlein schwimmen weg, schwimmen weg, schwimmen weg, alle Fischlein schwimmen weg, schwimmen weg.

Der Hai schwimmt nun allein im Meer, allein im Meer, allein im Meer, der Hai schwimmt nun allein im Meer, allein im Meer.

(Melodie: Dornröschen war ein schönes Kind)

## Und so geht's:

Ein Kind ist das erste Fischlein und schwimmt im Meer herum. Nach und nach werden alle Kinder aufgefordert, als Fische mitzuschwimmen.
Am Ende des Spielliedes schwimmt ein großer Hai herbei und verjagt alle Fische.

Idee: Kathrin Eimler

# Mit dem Stein zur Ruhe kommen

## Entspannungsidee

**Alter:**
ab 3,5 Jahren
**Dauer:**
10 Minuten

**Material**
Ein Stein für jedes Kind, ruhige Instrumentalmusik, eine Schüssel

Einmal am Tag zur Ruhe zu kommen, tut allen gut. Auch am Morgen kann man eine kurze Entspannungszeit einlegen. Bringen Sie dafür ein paar Steine mit oder sammeln Sie diese im Vorfeld mit den Kindern.

*„Ich gebe dir nun einen Stein in die Hand. Einen Stein, der für die nächsten Minuten dir gehört. Halte ihn gut fest in deiner Hand. Befühle ihn. Wenn du möchtest, schließe dafür deine Augen!*
*Wie fühlt sich dein Stein an? Ist er rund oder eckig? Ist er glatt oder rau? Ist er leicht oder schwer? Ist er groß oder klein? Hat er Kanten? Fühle ihn und halte ihn fest. Ist er warm oder kalt?*
*Befühle ihn mit beiden Händen, sodass du ihn genau spürst."*

(Zwei Minuten Pause zum Befühlen und Ertasten des Steins)

*„Nun weißt du ganz genau, wie sich dein Stein anfühlt. Gib nun deinen Stein an deinen Nachbarn weiter. Wir geben die Steine so lange im Kreis herum, bis du deinen Stein wieder in den Händen hältst."*

(Die Steine werden im Kreis weitergegeben.)

*„Fühle die anderen Steine. Du merkst, dass sie sich anders anfühlen als dein Stein."*

*„Wenn du deinen Stein wieder in der Hand hältst, sag* ***Stopp****."*

(Pause)

*„Dein Stein ist nun wieder bei dir angekommen. Du weißt ganz genau, wie er sich anfühlt. Halte ihn noch einen Moment fest. (Pause) Nun lege deinen Stein in die Schüssel zurück."*

(Steinrückgabe)

Sprechen Sie im Anschluss mit den Kindern: *„Wie geht es dir jetzt? Wie hat sich der Stein angefühlt? Wie war es, als du einen fremden Stein in der Hand gehalten hast?"* Wenn alles gesagt ist, beenden Sie die Ruherunde.

Idee: Kathrin Eimler

## Und so geht's:

Alle Kinder sitzen in einer bequemen Position in einem Kreis. Dimmen Sie das Licht ein wenig und spielen Sie ruhige Entspannungsmusik ein.
Sprechen Sie dann langsam und mit Pausen zu den Kindern.

## Variante für maximal 6 Kinder

Auch hier bekommt jedes Kind einen Stein und darf ihn befühlen. Die Steine werden nun in einen Stoffbeutel gelegt. Die Kinder bekommen die Aufgabe, nacheinander den eigenen Stein zu finden.
Diese Aufgabe ist etwas schwieriger, da die Kinder den Stein nicht sehen können. Um die Schwierigkeit zu erhöhen und die taktile Wahrnehmung noch intensiver zu fördern, legt jedes Kind seinen Stein in den Beutel zurück.

# Herbst

# In diesem Blätterhaus

**Klatschspiel**

**Alter:**
ab 3 Jahren

**Dauer:**
5 Minuten

In diesem Blätterhaus, -haus, -haus,
da wohnt 'ne kleine Maus, Maus, Maus.

Holt Vorräte herein, rein, rein,
denn bald schon wird es schnei'n, schnei'n, schnei'n.

Der Herbst, der ist nun da, da, da,
das ist doch sonnenklar, -klar, -klar.

## Und so geht's:

Während dieses Reims werden die drei sich wiederholenden Silben am Ende jedes Verses mit Klatschen begleitet. In der ersten Strophe klatscht jeder in seine eigenen Hände. In der zweiten Strophe klatschen die Kinder mit der rechten Hand in die Hand ihres rechten Nachbarn. In der dritten Strophe werden die Silben mit den Füßen gestampft.

Idee: Aline Kurt

# Der Herbst ist endlich da!

**Mitmachgedicht**

**Alter:**
ab 3 Jahren
**Dauer:**
5 Minuten

Der Herbst ist endlich da!
Winken
Ist das nicht wunderbar?
In die Hände klatschen.

Die Sonne scheint jetzt groß und rund
Fingerspitzen aneinanderführen, einen großen Ball formen.
und färbt rasch alle Blätter bunt.
Mit den Handflächen Wischbewegungen machen.

Mit viel Getöse und lautem Brausen
Hände schnell öffnen und wieder schließen.
hört man nun den Wind schnell sausen.
Finger durch die Luft gleiten lassen.

Er fegt die Blätter von den Bäumen,
Mit den flachen Händen über die Oberschenkel streichen.
die überall die Wege säumen.
Mit den Fingerspitzen auf den Beinen trommeln.

Der Herbstwind trägt sie fort,
Mit den Fingerspitzen über die Oberschenkel streichen.
an einen and'ren Ort.
Hände in die Luft strecken.

Idee: Aline Kurt

# Das flitzende Eichhörnchen

**Fingerspiel**

**Alter:**
ab 3 Jahren
**Dauer:**
5 Minuten

Das kleine Eichhörnchen ist im Herbst ganz munter,
Die Hand schnell drehen.
flitzt den Baum schnell rauf und runter.
Mit Zeige- und Mittelfinger in der Luft hochklettern.

Springt ohne Ruh und ohne Rast
Finger schnell auf und ab bewegen.
ziemlich flink von Ast zu Ast.
Mit den Fingern in der Luft hüpfen.

Es holt dort Nüsse groß und rund
Alle Finger zu einer Kugel zusammenführen.
und steckt sie schnell in seinen Mund.
Finger zum Mund führen.

Die Nüsse bringt es ins Versteck,
Hände hinter dem Rücken verstecken.
denn dann sind sie erstmal weg.
Arme nach vorne führen und Hände seitlich öffnen.

Wenn das Eichhörnchen dann Hunger hat,
Mit der Handfläche den Bauch reiben.
schreitet es ganz schnell zur Tat.
Mit dem ausgestreckten Zeigefinger wackeln.

Es flitzt schnell zu seinem Versteck
Mit Zeige- und Mittelfinger durch die Luft rennen.
und futtert alle Nüsse weg.
Hände schnell öffnen und schließen.

Idee: Aline Kurt

# Eine kleine Spinne

**Spiellied**

**Alter:**
ab 3 Jahren
**Dauer:**
10 Minuten

Eine kleine Spinne
Mit den Fingern eine Spinne imitieren.
saß und schlief,
saß und schlief.
Handflächen aneinanderlegen und den Kopf darauf ablegen.
Kleine Spinne ruht sich aus
von dem wilden Sturmgebraus.
Beine anziehen und mit beiden Armen umschlingen.
Spinne lauf! Spinne lauf! Spinne lauf!
Auf das Spinnenkind in der Kreismitte zeigen.

(Melodie: Häschen in der Grube)

## Und so geht's:

Ein Kind wird ausgewählt, das in die Rolle der Spinne schlüpfen darf und sich in die Kreismitte setzt. Die übrigen Kinder singen das Lied und machen die dazugehörigen Bewegungen. Wenn die Kinder im letzten Vers auf das Kind in der Mitte zeigen, läuft dieses dann im Kreis herum und tippt zum Schluss ein anderes Kind an, das nun beim zweiten Durchgang die Spinne spielen darf.

Idee: Aline Kurt

# Da schwebt ein bunter Drachen

**Spiellied**

**Alter:**
ab 3 Jahren
**Dauer:**
10 Minuten

Dort oben hoch am Himmelszelt,
da schwebt ein bunter Drachen.
Er leuchtet blau und funkelt rot,
der Drachen gehört **Anna**.
Schaut euch **Annas** Drachen an,
wie der Drachen fliegen kann.
Dort oben hoch am Himmelszelt,
da schwebt ein bunter Drachen.

(Melodie: Auf der Mauer, auf der Lauer)

## Und so geht's:

Die Kinder singen das Lied und imitieren den Flug des Drachens mit ihren Armen und Händen. Dabei wird im Uhrzeigersinn reihum der **Name eines jeden Kindes** eingesetzt.

Idee: Aline Kurt

# Ich wünsche mir einen grünen Igel herbei

## Farblernspiel

**Alter:**
ab 3 Jahren
**Dauer:**
15 Minuten

**Material**
bunte Wäscheklammern (immer je 5 von einer Farbe)

**Wir verwandeln uns in Igel**
Für ein echtes Igelspiel müssen sich zunächst alle Kinder in Igel verwandeln. Dazu bekommt jedes Kind 5 Wäscheklammern in einer Farbe. Diese werden an der Rückseite des Oberteils befestigt.

Da Sie das Spiel mit einer beliebigen Kinderanzahl spielen können, dürfen die Farben auch mehrfach vergeben werden. Auch ein bis zwei bunte Igel sind dabei denkbar.

**Die Igel machen sich bereit**
Lassen Sie einen Platz im Stuhlkreis unbesetzt. Der Igel, der links neben dem leeren Stuhl sitzt, darf das Spiel starten. Er sagt: „Mein rechter, rechter Platz ist frei, ich wünsche mir einen (gewünschte Farbe einfügen) Igel herbei."

Nun darf der Igel mit einer Klammer in der entsprechenden Wunschfarbe (z. B. Grün) auf dem freien Stuhl Platz nehmen. Gibt es mehrere grüne Igel, so heißt es schnell sein.

Der Igel zur Linken des frei gewordenen Stuhls darf sich nun einen neuen Igel herbeiwünschen.

Idee: Aline Kurt

**Tipp:**

Zusätzlichen Pepp bringen Sie in das Spiel, wenn der Igel auf eine bestimmte Weise herbeigewünscht wird. So könnte es zum Beispiel heißen: „Ich wünsche mir einen grünen, hüpfenden Igel herbei". Diese Variante eignet sich vor allem dann, wenn mehrere Igel in der gleichen Farbe am Spiel teilnehmen.
Mögliche Ergänzungen:
- auf einem Bein hüpfen
- im Hopserlauf zum neuen Platz kommen
- springen
- ein Tier imitieren
- rückwärts/seitwärts laufen
- mit geschlossenen Augen laufen
- in die Hände klatschen

# Der Herbst hat einen Zauberstab

## Mitmachgeschichte

**Alter:**
ab 4 Jahren
**Dauer:**
25 Minuten

**Material**
Zauberstab, 1 großes Tuch (z. B. Bettlaken), buntes Herbstlaub, 2–3 Kastanien für jedes Kind, Kastanienschalen, Zahnstocher, 1 Teddybär, 1 Eichhörnchenfigur, Zweige, 1 Stuhl

Schaut einmal, der Herbst hat einen Zauberstab!
*Zeigen Sie den Kindern den Zauberstab.*

Mit diesem Zauberstab kann der Herbst die Natur verwandeln: **Simsalabim** und wie von Zauberhand färben sich die Blätter an den Bäumen bunt.
*Legen Sie ein Tuch in die Kreismitte und streuen Sie Herbstlaub darauf.*

Erneut schwingt der Herbst seinen Zauberstab: **Simsalabim**.
*Schwingen Sie den Zauberstab.*

Wie von Zauberhand zieht ein Herbststurm auf.
*Alle Kinder pusten.*

Auch die Kastanien fallen vom Baum. Sie sind in einer stacheligen Schale.
*Lassen Sie die Kastanien und deren Schalen auf das Tuch plumpsen.*

Plötzlich kommt Bruno Bär durch den Herbstwald gestampft.
*Lassen Sie den Teddybären auf dem Tuch herumgehen.*

„Oh, Kastanien!", freut sich der kleine Bär. „Die mag ich ganz besonders gerne. Sie fühlen sich so schön an."
*Jedes Kind holt sich eine Kastanie in der Kreismitte ab und untersucht sie ausgiebig.*

„Mit den Kastanien kann man auch ganz toll spielen", freut sich Bruno.
*Die Kinder rollen ihre Kastanien über den Boden.*

Nachdem der kleine Bär ausgiebig mit den braunen Herbstfrüchten gespielt hat, fällt ihm etwas besonders Schönes ein.
„Damit kann man ja zaubern!", erinnert sich Bruno.
*Jedes Kind bastelt aus zwei bis drei Kastanien und Streichhölzern ein Kastanienmännchen.*

Während Bruno den Herbstwald mit all den schönen Kastanienmännchen dekoriert, kommt plötzlich Eli Eichhörnchen angeflitzt.
*Stellen Sie die Eichhörnchenfigur in die Kreismitte.*

Eifrig flitzt das Eichhörnchen hin und her und sammelt dabei Zweige.
*Legen Sie einige Zweige auf das Tuch und sammeln Sie diese anschließend mit Hilfe des Eichhörnchens ein.*

Eli ist so gestresst, dass sie Bruno gar nicht bemerkt. Erst als das kleine Eichhörnchen vor einem der Kastanienmännchen steht, erschrickt es so sehr, dass ihm vor lauter Schreck alle Zweige aus den kleinen Händchen fallen.
*Lassen Sie die gesammelten Zweige fallen und schreien Sie dabei spielerisch auf.*

„Wer seid denn ihr?", will Eli von den Kastanienmännchen wissen. Seltsamerweise antworten die Männchen nicht.
*Lassen Sie die Eichhörnchenfigur mit den Kastanienmännchen „sprechen".*

Da muss Bruno Bär plötzlich laut lachen. „Aber Eli, die sind doch gar nicht echt. Sie können dir gar nicht antworten", meint er grinsend.
Das kleine Eichhörnchen zuckt mit den Schultern. Dafür hat Eli nun wirklich keine Zeit.
Schließlich muss sie ihren Kobel bauen. In diesem kuscheligen Nest wird das kleine Eichhörnchen den Winter verbringen. Dazu bringt Eli die Zweige auf einen Baum. Dort oben baut sie daraus ein Nest.
*Legen Sie die Zweige auf einen Stuhl und arrangieren Sie daraus ein kleines Nest.*

Anschließend sammelt Eli eifrig bunte Blätter. Damit wird sie ihr Nest auspolstern.
*Legen Sie Blätter auf das Nest.*

Eifrig flitzt Eli vom Baum runter und mit Blättern wieder hinauf.
*Lassen Sie das Eichhörnchen vom Stuhl auf den Boden und wieder hinaufspringen. Beim Hochspringen bringen Sie stets ein Blatt mit.*

Als Eli mal wieder oben ankommt, staunt sie plötzlich nicht schlecht. In ihrem Kobel sitzt eines der kleinen Kastanienmännchen.
*Stellen Sie ein Kastanienmännchen auf den Stuhl.*

### Tipp:

Stellen Sie den Kindern am Ende der Geschichte folgende Impulsfragen:
Wie kommt das Männchen wohl ins Nest hoch?
Meint ihr, der Herbst hat hier auch gezaubert?
Wie könnte die Geschichte weitergehen?

Idee: Aline Kurt

# Sankt Martin

## Geschichte mit Bodenbildern

**Alter:**
ab 4 Jahren
**Dauer:**
20 Minuten

**Material**
1 grünes Tuch, 1 weißes Tuch, 6 Playmobilfiguren, 4 Spielzeugpferde, 1 Papiertaschentuch, Glitzer oder Alufolienschnipsel

Vor langer Zeit lebte ein junger Mann namens Martin.
*Legen Sie das grüne Tuch in die Mitte, stellen Sie die Figur Martin darauf.*

Martin war ein Soldat. Er hatte ein Pferd, einen Mantel und eine Waffe.
*Stellen Sie eine Pferdefigur neben Martin. Legen Sie Martin den Mantel (Taschentuch) um die Schultern.*

Martin wollte aber eigentlich kein Soldat sein. Waffen und das Schießen fand er gar nicht gut. Schließlich glaubte Martin an Gott und auch Gott gefällt Krieg gar nicht gut.

Doch Martin hatte keine andere Wahl. Sein Vater war nämlich ein Soldat und früher mussten die Kinder den gleichen Beruf wie ihre Eltern haben. Sie durften sich keinen anderen aussuchen.

Eines Tages war Martin mit den anderen Soldaten unterwegs. Es war bitterkalt. Alle froren entsetzlich und es schneite stark.

Es war so kalt, dass alle Menschen und Tiere vor Kälte zitterten. Ohne Mantel konnte man diese Kälte gar nicht aushalten.
*Stellen Sie die Figur Martin, vier weitere Playmobilfiguren und die Pferde auf das weiße Tuch. Lassen Sie es über alle Glitzer „schneien".*

An der Straße, auf der Martin und die anderen Soldaten ritten, saß ein Bettler. Er hatte keinen Mantel. Eigentlich hatte er gar nichts Richtiges anzuziehen, denn er war sehr, sehr arm. Auch besaß er kein Zuhause und hatte nichts zu essen. Deshalb war die Kälte für ihn besonders schlimm.
*Stellen Sie die Figur des Bettlers in einiger Entfernung auf.*

Viele Menschen sahen den armen Mann. Auch den anderen Soldaten fiel der Bettler auf. Doch niemand wollte ihm helfen. Martin aber ritt auf seinem Pferd zu ihm.
*Lassen Sie Martin auf seinem Pferd zum Bettler reiten.*

Martin zog seinen Umhang aus und teilte ihn mit seinem Schwert in zwei Hälften. Eine Hälfte zog Martin selbst wieder an. Die andere Hälfte legte er dem Bettler um.
*Reißen Sie das Papiertaschentuch in zwei gleich große Teile. Legen Sie eine Hälfte um Martin und die andere um den Bettler.*

Die anderen Soldaten konnten Martin nicht verstehen. Schließlich mussten sie noch eine Weile in der Kälte weiterreiten und mit einem halben Mantel fror Martin bestimmt. Doch Martin wusste, dass es richtig war, dem Bettler zu helfen. Es fühlte sich gut an, zu teilen.

Idee: Aline Kurt

Auch der Bettler war sehr glücklich. Noch niemals war jemand so großzügig zu ihm gewesen. Endlich musste er nicht mehr frieren. Er wickelte sich in seine Mantelhälfte, die seinen Körper wärmte. Die Freude über Martins Geste jedoch wärmte sein Herz.
*Lassen Sie wieder etwas Glitzer über die Szene „schneien".*

## Und so geht's:

Besprechen Sie diese uralte Überlieferung mithilfe dieser Impulsfragen:

- Warum war Sankt Martin ein Soldat, obwohl er das gar nicht sein wollte?
- Hast du auch schon mal etwas gemacht, was du nicht wolltest?
- Wie war das für dich?
- Weißt du, was ein Bettler ist?
- Wie hat Sankt Martin dem Bettler geholfen?
- Was glaubst du, warum hat er das gemacht?
- Wie mag sich der Bettler wohl gefühlt haben, als Sankt Martin mit ihm den Mantel geteilt hat?
- Warum haben die anderen Soldaten dem Bettler nicht geholfen?
- Wie denkst du über die Geschichte?

# Herbstfruchtfußball

## Bewegungsspiel

**Alter:**
ab 4 Jahren
**Dauer:**
15 Minuten

**Material**
je 1 Kastanie, Walnuss, Haselnuss, Eichel

**Alle Spieler in den Kreis, bitte!**
Bevor das Spiel starten kann, nehmen alle Kinder im Sitzkreis Platz. Dabei sollten die Stühle so dicht wie möglich stehen. Unter jedem Stuhl befindet sich ein „Tor". Die Kreismitte stellt das Spielfeld dar.

**Auf die Herbstbälle, fertig, los!**
Rollen Sie zunächst eine Kastanie auf das Spielfeld. Die Kinder versuchen nun, diesen „Herbstball" in eines der Tore zu kicken.

Dabei müssen sie jedoch zumindest mit den Händen weiterhin Kontakt zu ihrem Stuhl haben. Während die Kinder versuchen, den Ball zu ergattern bzw. ihr Tor zu beschützen, rollen Sie eine Walnuss ins Feld. Anschließend folgen eine Haselnuss und eine Eichel. Ob es den Kindern wohl gelingt, alle Herbstbälle im Blick zu behalten?

### Tipp:

Sie können das Spiel auch nur mit einem Herbstschatz durchführen. Da es jedoch bei dem Spiel weder Gewinner noch Verlierer gibt, ist der Spaßfaktor am höchsten, wenn mindestens vier „Bälle" im Umlauf sind.

Idee: Aline Kurt

# Pflaumenbaum

## Mitmachgeschichte

**Alter:**
ab 3 Jahren
**Dauer:**
5 Minuten

Bruno Bär steht vor dem Pflaumenbaum.
*Sich aufrecht hinstellen, dabei nach oben gucken.*

„Mhm. Wie komme ich nur an die leckeren Pflaumen ran?", fragt sich Bruno. Suchend schaut er sich um.
*Hin- und herschauen.*

Da entdeckt er plötzlich eine Leiter. Der Bär stellt die Leiter an den Pflaumenbaum.
*Imaginäre Leiter von rechts zu sich ziehen und an den Baum stellen.*

Vorsichtig klettert Bruno die Leiter hinauf.
*Kletterbewegungen machen.*

Bruno pflückt die saftigen Pflaumen über sich: „Mhm, sind die lecker."
*Hoch in die Luft greifen.*

Er pflückt die Pflaumen links.
*Nach links oben greifen.*

Und rechts.
*Nach rechts oben greifen.*

Und unter sich.
*Unter sich greifen.*

Idee: Aline Kurt

Als Bruno satt ist, setzt er sich zufrieden auf einen Ast.
*In die Hocke gehen.*

Doch da knackst es auf einmal und – schwupp! – plumpst Bruno runter.
*Auf den Boden plumpsen lassen.*

# Kastanie, du willst wandern

## Konzentrationsspiel

**Alter:**
ab 3 Jahren
**Dauer:**
10 Minuten

**Material**
1 Kastanie

Kastanie, Kastanie, du willst wandern,
von einer Hand zur andern.
Erst warst du hier, schon bist du dort,
du befindest dich jetzt an diesem Ort.

### Und so geht's:

Alle Kinder stehen im Kreis. Zwei Kinder machen den Anfang. Das eine Kind stellt sich in die Kreismitte. Es schlüpft in die Rolle des Beobachters. Das andere Kind erhält die Kastanie und stellt sich damit außerhalb des Kreises auf.
Während die Kinder den Spruch aufsagen, läuft das Kastanienkind mit der Kastanie um den Kreis herum. Die übrigen Kinder strecken ihre Hände nach hinten aus. In eine der Hände lässt das Kastanienkind die Kastanie fallen. Ist der Spruch zu Ende aufgesagt, muss der Beobachter raten, an welchem Ort sich die Kastanie nun befindet. Liegt er mit seiner Einschätzung richtig, wird er zum Kastanienkind. Das Kastanienkind gesellt sich in den Kreis und das Kind, das die Kastanie hatte, wird zum Beobachter.

Idee: Aline Kurt

# Finde deine Walnuss

## Achtsamkeitsspiel

**Alter:**
ab 4 Jahren
**Dauer:**
15 Minuten

**Material**
1 Walnuss pro Kind, 1 große Schüssel, 1 Tuch, alternativ: 1 Kartoffel oder 1 Kastanie pro Kind

**Wähle eine Nuss**
Füllen Sie eine Schüssel mit den Walnüssen und gehen Sie damit im Morgenkreis herum. Jedes Kind darf nun eine der Nüsse an sich nehmen.

Sobald alle eine Walnuss haben, sollten die Kinder ihre eigene Walnuss genau betrachten.

Dabei können Sie sie mit gezielten Fragen unterstützen: „Schau dir deine Nuss in Ruhe an. Was kannst du dabei entdecken?", „Wie fühlt sich deine Nuss an? Fällt dir irgendetwas auf?", „Wie riecht deine Nuss?".

Geben Sie den Kindern ausreichend Zeit dafür, ohne jedoch die Konzentrationsfähigkeit der Kinder überzustrapazieren.

**Kannst du deine Nuss erkennen?**
Sammeln Sie alle Nüsse wieder ein und schütten Sie diese anschließend auf das ausgebreitete Tuch in der Kreismitte. In Kleingruppen dürfen die Kinder nun versuchen, ihre Nuss wieder zu finden.

Dabei gibt es kein Richtig oder Falsch. Es geht vielmehr darum, die Achtsamkeit der Kinder zu schulen.

**Tipp:**

Das Spiel lässt sich auch mit anderen Herbstschätzen wie Kastanien oder Kartoffeln durchführen.

Idee: Aline Kurt

# Herbstregen bestaunen

## Ritual

**Alter:**
ab 3 Jahren
**Dauer:**
10 Minuten (ohne Vorbereitung)

**Material**
1 großes Glas, 3 EL Kies, 3 EL Holzkohle, 3 EL Erde, 1 Pflanze mit Wurzel (z. B. Löwenzahn), Frischhaltefolie, Löffel, Gießkanne, Küchengummi

**Die Welt ins Glas zaubern**
Mit diesem kleinen Ritual können Sie den Herbstregen in die Kita holen – ganz ohne nass zu werden. Dafür ist ein wenig Vorbereitung nötig. Beziehen Sie die Kinder hier direkt mit ein, denn die meisten lieben es, zu experimentieren.

Befüllen Sie zunächst ein großes Glas mit einer Schicht Kies. Darauf folgt die Holzkohle und anschließend eine Schichte Erde. Ist alles im Glas, graben Sie mit einem Löffel ein kleines Loch durch die Schichten und setzen vorsichtig die Pflanze hinein.

Diese muss nun ein bisschen angedrückt und natürlich gegossen werden. Zum Schluss wird das Glas mit Frischhaltefolie verschlossen und mit einem Küchengummi fixiert.

**Herbstregen in der Kita**
Bereits am nächsten Morgen ist die Miniaturwelt einsatzbereit. Verdunstet das Wasser im Glas, steigt es langsam aus der Erde auf.

Da das Glas mit einer Frischhaltefolie verschlossen ist, setzen sich die Wassertropfen an dieser ab. Wie beim echten Regen fallen die Tropfen nun auf die Pflanze herab.

**Täglich aufs Neue staunen**
Führen Sie in Ihrem Morgenkreis ein kleines Ritual ein. Betrachten Sie jeden Morgen die Pflanze im Glas. Gibt es etwas Neues zu entdecken? Braucht die Pflanze Wasser? Was verändert sich im Laufe der Zeit?

Idee: Aline Kurt

# Das Eichhörnchen-Versteck

**Suchspiel**

**Alter:**
ab 3 Jahren
**Dauer:**
10 Minuten

**Material**
10 Walnüsse, 10 Haselnüsse, Stoppuhr

**Zwei Eichhörnchenfamilien**
Bei diesem Spiel verwandeln sich die Kinder im Morgenkreis in Eichhörnchen. Teilen Sie die Gruppe dafür in zwei „Familien" ein: die braunen und die schwarzen Eichhörnchen. Idealerweise sitzen die Familienmitglieder nebeneinander.

Um genau zu erkennen, wo die eine Familie endet und die andere beginnt, werden die Stühle an den entsprechenden Stellen etwas auseinandergerückt, sodass zwei Halbkreise entstehen.

Alle schwarzen Eichhörnchen erhalten nun die Walnüsse. Die braunen Eichhörnchen bekommen alle Haselnüsse.

**Wer hat die Nuss geklaut**
Abwechselnd müssen nun die beiden Familien vor die Tür. Während die schwarzen Eichhörnchen kurz draußen warten, verstecken die braunen Eichhörnchen ihre Haselnüsse. Sind alle Nüsse versteckt, wird die andere Eichhörnchenfamilie wieder hereingerufen.

Die braunen Eichhörnchen nehmen im Sitzkreis Platz, während die schwarzen Eichhörnchen die Verstecke der braunen Eichhörnchen suchen. Dazu haben sie zwei Minuten Zeit. Alle gefundenen Haselnüsse werden in die Kreismitte gelegt.

**Jetzt wird getauscht**
Anschließend wird getauscht: Die braunen Eichhörnchen warten draußen, während die schwarzen Eichhörnchen die Walnüsse verstecken. Anschließend haben die braunen Eichhörnchen ebenfalls zwei Minuten Zeit zum Suchen.

Zum Schluss wird das Gewinnerteam ermittelt: Wer hat mehr Verstecke geplündert?

**Tipp:**

Führen Sie anschließend eine zweite Runde durch. Dabei tauschen die Familien die Nüsse. Nur so bleibt das Spiel fair, denn: Walnüsse sind größer und somit leichter zu finden als Haselnüsse.

Idee: Aline Kurt

# Winter

# Ein Tannenbaum für alle

## Vorlesegeschichte

**Alter:**
ab 3 Jahren

**Dauer:**
10 Minuten

**Material**
Tannenzweige und Tierfiguren (Fuchs, Reh, Wildschwein, Hase, Dachs, Igel, Maus)

Es war einmal ein Fuchs, der den ganzen Tag lang auf der Suche nach einem wunderschönen Tannenbaum war. Am Abend sollte nämlich das Waldtierwinterfest stattfinden. Der Fuchs hatte die Aufgabe, dafür einen Tannenbaum zu besorgen. Stundenlang schlich er im Wald umher, mal links herum, mal rechts herum. Aber nirgendwo fand er einen passenden Baum.

Während er so durch den Wald wanderte und schon beinahe die Hoffnung aufgegeben hatte, entdeckte er plötzlich auf einer Lichtung einen wunderschönen Tannenbaum. Er war nicht zu groß und nicht zu klein. Genau perfekt für das Waldtierwinterfest.

„Oh, wie hübsch sieht dieser Tannenbaum aus. Den zieh ich mir jetzt einfach aus der Erde raus. Ich will ihn unbedingt für unser Fest!"
Der Fuchs zog an dem Tannenbaum und zog und zog, aber der wollte einfach nicht aus der Erde kommen.
„Alleine schaffe ich das nicht. Ich brauche Hilfe aus dem Wald, ich hoffe, das Reh kommt bald!", sagte der Fuchs und schaute sich suchend um.
Genau in dem Moment eilte das Reh über die Lichtung herbei und wollte gerne helfen.
Nun zog das Reh am Fuchs und der Fuchs zog am Tannenbaum, aber nichts passierte.

„Wir brauchen noch mehr Hilfe aus dem Wald, ich hoffe, das Wildschwein kommt bald", sagte da das Reh.
Schon eilte das Wildschwein über die Lichtung herbei.
Nun zog das Wildschwein am Reh, das Reh zog am Fuchs, der Fuchs zog am Tannenbaum, aber nichts passierte.

„Wir brauchen noch mehr Hilfe aus dem Wald, ich hoffe, der Hase kommt bald", sagte da das Wildschwein.
Schon eilte der Hase über die Lichtung herbei.
Nun zog der Hase am Wildschwein, das Wildschwein zog am Reh, das Reh zog am Fuchs, der Fuchs zog am Tannenbaum, aber nichts passierte.

Idee: Nadine Marchi

„Wir brauchen noch mehr Hilfe aus dem Wald, ich hoffe, der Dachs kommt bald", sagte da der Hase. Schon eilte der Dachs über die Lichtung herbei. Nun zog der Dachs am Hasen, der Hase zog am Wildschwein, das Wildschwein zog am Reh, das Reh zog am Fuchs, der Fuchs zog am Tannenbaum, aber nichts passierte.

„Wir brauchen noch mehr Hilfe aus dem Wald, ich hoffe, der Igel kommt bald", sagte da der Dachs. Schon eilte der Igel über die Lichtung herbei. Nun zog der Igel am Dachs, der Dachs zog am Hasen, der Hase zog am Wildschwein, das Wildschwein zog am Reh, das Reh zog am Fuchs, der Fuchs zog am Tannenbaum, aber nichts passierte.

„Wir brauchen noch mehr Hilfe aus dem Wald, ich hoffe, die Maus kommt bald", sagte da der Igel.

Schon eilte die Maus über die Lichtung herbei. Sie schaute sich den Tannenbaum genau an. Schaute von links, schaute von rechts. Alle Tiere waren ganz still und beobachteten die Maus. Plötzlich nahm diese eine Haselnuss hervor und zierte damit den Tannenbaum.

„Na klar, so wird es jetzt gemacht, das Winterfest wird hier vollbracht!", rief da der Fuchs glücklich. Alle Tiere fingen an, den Tannenbaum mit Nüssen zu schmücken, und sangen ein Waldtierlied.

Es war das schönste Waldtierwinterfest, das die Tiere je erlebt hatten.

## Und so geht's:

Legen Sie die Tannenzweige und die Tierfiguren vor sich auf den Boden. Lesen Sie die Geschichte in aller Ruhe vor und jedes Mal, wenn ein Tier hinzukommt, dann stellen Sie es in der Reihe auf. Sie beginnen mit dem Fuchs und enden mit dem Igel. Zuallerletzt kommt die Maus mit der Haselnuss.
Wenn Sie die Abfolge der Tiere vorlesen, fragen Sie die Kinder, welches Tier als nächstes kommt. Dadurch, dass Sie die Geschichte visuell untermalen, kann hier jedes Kind seine Sprechfreude ausleben.

# Schneegestöber

## Fingerspiel

**Alter:**
ab 3 Jahren
**Dauer:**
5 Minuten

Schnee, Schnee, Schnee, wohin ich auch seh.
*Die Finger beider Hände zappeln von oben nach unten.*

Da fällt die erste Schneeflocke herunter und macht mich plötzlich munter.
*Mit dem Daumen eine Eins zeigen.*

Die Zweite fällt mir auf den Kopf und macht ganz weiß meinen kleinen Zopf.
*Mit den Fingern eine 2 zeigen und mit dem Zeigefinger auf den Kopf tippen.*

Die Dritte fällt mir auf die Nase, es kitzelt und sie wackelt wie der Hase.
*Mit den Fingern eine 3 zeigen und die Nase wackeln lassen.*

Die Vierte will ich mit der Zunge fangen und mach sie lang wie die Schlangen.
*Mit den Fingern eine 4 zeigen und die Zunge herausstrecken.*

Die Fünfte fällt ganz still und leise, direkt neben der Vogelmeise.
*Mit den Fingern eine 5 zeigen und Flügelbewegungen mit beiden Händen machen.*

Schnee, Schnee, Schnee, wohin ich auch seh.
*Die Finger beider Hände zappeln von oben nach unten.*

### Tipp:

Vielleicht fällt den Kindern noch mehr zu den Schneeflocken ein und sie reimen mit Ihnen weiter.

Idee: Nadine Marchi

# Schneemann, du darfst rollen

## Mitmachreim

**Alter:**
ab 3 Jahren
**Dauer:**
5 Minuten

**Material**
Schneemannfigur

Schneemann, Schneemann, du darfst rollen,
in Kinderhände, die dich wollen.
Schneemann, Schneemann, du bist weiß,
weißt, wie jedes Kind hier heißt.
Schneemann, Schneemann, du bist schön,
bleib jetzt einfach mal dort steh'n.

### Und so geht's:

Passend zum Reim darf der Schneemann von einer Hand zur anderen Hand im Kreis wandern. Mal schnell, mal langsam, sodass die Kinder noch im Rhythmus sprechen können. Da wo der Schneemann stehen bleibt, darf das Kind entscheiden, wo es weitergeht. Das Kind gibt einem beliebigen anderen Kind im Kreis den Schneemann weiter und der Spruch fängt von vorne an.

### Erweiterung:

Schneemann, Schneemann, du musst klatschen,
*(Bewegung kann ausgetauscht werden)*
mit den Kindern hier im Kreis.
Schneemann, Schneemann, nun ist Schluss,
weil du weiterrollen musst.

Idee: Nadine Marchi

# Frühstück mit Mama Maus

## Ein Reim zum Zählen

**Alter:**
ab 3 Jahren
**Dauer:**
10 Minuten

**Material**
10 Bilder einer Maus

Mama Maus lädt zum Frühstück ein,
was kann das wohl Leckeres sein?

Die erste Maus, ganz klitzeklein,
bringt eine Walnuss mit hinein.

Die zweite Maus, mit weichem Fell,
will essen, aber schnell.

Idee: Nadine Marchi

Die dritte Maus, mit langem Schwanz,
schnattert wie eine wilde Gans.

Die vierte Maus ist ganz bescheiden,
lässt Mama Maus das Brot erst schneiden.

Die fünfte Maus ist alt und grau
und mag am liebsten warmen Kakao.

Die sechste Maus ist richtig schlank,
sie setzt sich auf die Küchenbank.

Die siebte Maus ist zappelig,
sie liebt den Honig nur für sich.

Die achte Maus ist ganz still,
sie liebt den Käse mit etwas Dill.

Die neunte Maus ist kugelrund
und schmatzt mit ihrem kleinen Mund.

Die zehnte Maus trinkt gerne Tee,
schenkt Mama Maus ein' Strauß aus Klee.

Mama Maus hat alle gern
und freut sich über Mäuse von nah und fern.

## Und so geht's:

Drucken Sie für jede Maus ein Bild aus. Jedes Mal, wenn im Text eine neue Maus hinzukommt, legen Sie ein Bild in die Kreismitte.

Veranschaulichen Sie den Kindern, dass es hier ums Frühstück geht, indem Sie aus dem Rollenspielbereich ein Gedeck dazustellen.

Die visuelle Kreismitte ist nicht immer notwendig, wenn Sie sich spontan für diesen Reim entscheiden, aber solch eine Mitte lädt die Kinder dazu ein, sich auf das Gemeinsame einzulassen und mitzumachen.

Zusätzlich können Sie mit den Kindern Gesten erarbeiten, um den Inhalt des Reims zu begleiten. Viele Kinder kennen die Gesten für trinken, Brot schneiden und Blumenstrauß.

# Spuren im Schnee

## Vorlesegeschichte

**Alter:**
ab 3 Jahren

**Dauer:**
15 Minuten

**Material**
gedruckte Fußspuren von Waldtieren: Schneehase, Schnee-Eule, Hermelin, Polarfuchs; ein weißes Tuch, ein Licht

Leise rieselt der Schnee vom Himmel herab und bedeckt die Welt mit einer Puderzuckerschicht. Kimo, ein kleiner weißer Wolf, ist kaum von dem Schnee zu unterscheiden, wenn er über die Felder streift. Sein Fell ist ganz weich, seine Ohren und die Schnauze ganz spitz.

Während er läuft, schaut er sich eine Spur im Schnee an. Wer hier wohl vor ihm gelaufen ist?

Kimo kennt die Spur. Er hat sie schon öfters auf dem Feld gesehen, aber irgendwann hört sie plötzlich auf.

„So, als ob sie sich in Luft aufgelöst hätte", denkt Kimo.
Dem kleinen Wolf kommt eine Idee und er schaut nach oben. Dort sieht er eine Schnee-Eule.

Sie zieht ihre großen Kreise in einer Spirale immer weiter abwärts und segelt Richtung Wald.

Kimo läuft los, um der Schnee-Eule zu folgen, dabei schaut er immer wieder nach oben, um ihre Flugbahn zu beobachten. Nur für einen kurzen Moment passt er nicht auf und verliert die Eule aus den Augen.
Erschöpft vom Laufen setzt sich Kimo an den Waldrand. Die Pause tut ihm gut. Er atmet immer wieder tief ein und aus. Ein und aus.

„Was rieche ich mit meiner Nase?", fragt sich der kleine Wolf plötzlich und streckt seine Nase in den Wind. Neugierig folgt er dem Geruch und entdeckt eine weitere Spur.

„Wem gehört wohl diese Spur?", fragt sich Kimo. In der Ferne sieht er einen Schneehasen über einen umgekippten Baumstamm hüpfen. Der Wolf wartet einen Augenblick und folgt dann dem Hasen.

Der Hase ist schnell. Der Wolf kommt nur langsam hinterher, da er immer wieder Wurzeln und Sträuchern ausweichen muss. Plötzlich hat er den Hasen im Schnee aus den Augen verloren. Alles sieht gleich aus.

Der kleine Wolf ist betrübt. Er möchte doch nur bei den anderen Tieren sein, aber ständig laufen sie vor ihm weg.
Kimo erholt sich ein wenig von dem Laufen und atmet tief ein und aus. Dabei entdeckt er direkt vor seinen Füßen eine weitere Spur, die er noch nie zuvor gesehen hat. Er schaut nach links und nach rechts. Da sieht er eine schwarze Schwanzspitze im Schnee aufblitzen.

„Zu wem die wohl gehört?", fragt er sich. Dieses Mal schleicht er langsam an der Spur entlang, um nicht wieder ein Tier aufzuscheuchen. Er möchte doch nur nicht mehr alleine sein.

Der Schnee macht sein Fell noch weißer. Kimo macht sich ganz klein, sodass sein Bauch den Boden berührt, und streckt seine Schnauze durch den Strauch. Dort sitzt ein Hermelin.

Noch bevor Kimo etwas sagen kann, erschreckt sich das Hermelin und rennt weg. Dieses Mal bleibt der kleine Wolf liegen. Er mag nicht mehr hinterherlaufen.
Während Kimo so daliegt, schleicht sich ein Polarfuchs heran und spricht den Wolf an: „Atme erstmal ein und aus. Ärgere dich nicht wegen des Hermelins. Ich zeige dir, wo die Tiere sind."

Der Wolf lächelt den Polarfuchs an, steht auf und folgt den Polarfuchsspuren im Schnee. Diese führen Kimo zu einer Lichtung im Wald, wo sich alle Tiere mit weißem Fell oder Federkleid versammelt haben.

Da sitzen die Schnee-Eule, der Schneehase, das Hermelin und jetzt auch der Polarfuchs mit Kimo. Alles ist Weiß in Weiß. Sie wärmen sich an einem kleinen Feuer und erzählen einander Geschichten.

Was glaubst du, haben sie sich zu erzählen?

## Und so geht's:

Legen Sie in die Mitte das weiße Tuch und die gedruckten Fußspuren dazu. Um die Mitte herum platzieren Sie die Tiere, die in der Geschichte genannt werden. Die Kinder sitzen im Kreis und lauschen, während Sie die Geschichte vorlesen. Mit einer ruhigen, sanften Stimme laden Sie die Kinder zunächst ein, sich auf diese Meditation einzulassen. Wenn Kimo einem Tier begegnet bzw. eine Tierspur findet, dann fügen Sie das passende Tier zu der Spur hinzu. Am Ende der Geschichte zünden Sie das Licht an und beobachten den Lichtschein.

Sind die Kinder noch konzentriert dabei? Dann lassen Sie sie die Geschichte weitererzählen. Worüber haben sich die Tiere unterhalten?

Idee: Nadine Marchi

# Handschuhsalat

**Bewegungsspiel**

**Alter:**
ab 3 Jahren

**Dauer:**
15 bis
20 Minuten

**Material**
Bunte Fäustlinge aus Pappe

**Welche Farbe hat dein Handschuh?**
Wer kennt es nicht, dass man gemeinsam mit den Kindern nach Handschuhen sucht? Wie sieht dein Handschuh denn aus? Welche Farbe hat er denn?

Bei diesem Spiel können Sie gewiss sein, dass jedes Kind seinen Handschuh findet. Bei diesem bewegten Start in den Morgen ist Spaß garantiert.

Idee: Nadine Marchi

**Vorbereitung**
Schneiden Sie mehrere Pappfäustlinge in verschiedenen Farben aus. Es sollten so viele Handschuhe vorhanden sein, wie Kinder im Morgenkreis sitzen.

Legen Sie die Fäustlinge in die Kreismitte. Jetzt darf sich jedes Kind einen Handschuh aussuchen. Wenn alle verteilt sind, kann das Spiel beginnen.

**Handschuhsalat**
Da Sie keinen Handschuh haben, dürfen Sie zunächst der Spielführer sein und stellen Ihren Stuhl weg. Um wieder einen Sitzplatz zu bekommen, geschieht Folgendes:

Zuerst nennen Sie eine Farbe der Fäustlinge. Zum Beispiel Rot. Alle Kinder, die einen roten Fäustling in der Hand halten, zeigen diesen. Blau! Alle Kinder mit einem blauen Handschuh zeigen diesen hoch. Sie können aber auch „Handschuhsalat!" rufen und jetzt müssen sich alle Kinder einen neuen Platz suchen. Sie natürlich auch. Da ja ein Stuhl zu wenig da ist, bleibt ein Kind übrig. Dieses Kind darf sich in die Mitte stellen und der nächste Spielführer sein.

Eine weitere Runde beginnt: Gelb! Alle gelben Handschuhe sind zu sehen. Das Kind entscheidet selber, wann es „Handschuhsalat!" ruft.

# Wohin soll die Schneeflocke wandern?

## Geschicklichkeitsspiel

**Alter:**
ab 3 Jahren
**Dauer:**
10 Minuten

**Material**
Mehrere Esslöffel und Wattebällchen

**Schneegestöber**
Mit diesem Spiel holen Sie das Schneegestöber in den Morgenkreis, wenn es draußen noch nicht schneit. Wie? Ganz einfach!

**Schneeflocken auf Löffeln**
Starten Sie zunächst mit zwei Kindern. Jedes erhält einen Esslöffel. Legen Sie einem der Kinder einen Watteballen auf den Löffel.

Das Kind darf nun probieren, zu dem anderen Kind zu laufen und den Watteballen auf dessen Löffel zu legen. Gelingt das, ohne dass der Watteballen runterfällt?

Sollte das mit dem Laufen motorisch noch nicht funktionieren, reichen die Kinder den Watteballen im Sitzen weiter.

**Neue Herausforderungen**
Sie wollen den Schwierigkeitsgrad etwas erhöhen? Kein Problem! Steigern Sie die Anzahl der Schneeflocken und der Löffel. Je mehr Schneeflocken unterwegs sind, desto mehr Schneegestöber haben Sie.

Die Kinder werden hier in ihrer Eigen- und Fremdwahrnehmung gefördert. Es wird mit jedem Mal besser funktionieren.

Alternativ können Sie Teelöffel oder Espressolöffel einsetzen. Das macht es schwieriger und ist für die Kinder eine Herausforderung, an der sie wachsen können.

Idee: Nadine Marchi

# Ich packe in meinen Winterkoffer ...

## Konzentrationsspiel

**Alter:**
ab 6 Jahren

**Dauer:**
10 bis 15 Minuten

**Die traditionelle Variante**
Das traditionelle Spiel „Ich packe in meinen Koffer" kennen Sie wahrscheinlich aus Ihren Kindheitstagen.

Bei dieser Variante konzentrieren wir uns nur auf die winterlichen Dinge, die in den Koffer dürfen. Schneemann, Schal, Handschuhe und so weiter. Hier können alle Kinder der Gruppe mitmachen.

**Jetzt kommt der Clou**
Damit die Vorschulkinder eine zusätzliche Herausforderung haben, gibt es noch einen kleinen Zusatz. Bei dem Signalwort „Winter" dreht sich die Reihenfolge. Das Signalwort können entweder Sie einbringen oder das jeweilige Kind, das an der Reihe ist.

Entweder die Kinder packen den Koffer wieder aus, indem sie die Begriffe in der umgekehrten Reihenfolge nennen, oder die Richtung der Mitspieler ändert sich.

Meistens spielt man ja im Uhrzeigersinn. Wird das Signalwort genannt, wird das Spiel gegen den Uhrzeigersinn gespielt.

**Tipp:**

Dieses Spiel ist auch hervorragend geeignet, um eine Wartezeit oder die Mittagszeit zu verschönern.

Idee: Nadine Marchi

# Da fehlt doch was!

**Ratespiel**

**Alter:**
ab 4 Jahren
**Dauer:**
5 bis 10 Minuten

**Material**
winterliche Kleidungsstücke, Mütze, Schal, Handschuhe

**Was fehlt?**
In diesem Spiel sollen Selbst- und Fremdwahrnehmung spielerisch gefördert werden. Dafür können die Kinder ganz einfach ihre eigene Winterkleidung benutzen. Ganz oft kennen sie die Kleidung der anderen Kinder gut. Aber fällt ihnen auch auf, wenn plötzlich etwas fehlt? Eine Mütze vielleicht oder ein Schal?

**Joshua hat eine rote Mütze getragen**
Lassen Sie jedes Kind ein Kleidungsstück seiner Winterkleidung holen und im Morgenkreis anziehen: Mütze, Schal, Handschuhe, vielleicht sogar die Winterjacke.

Lassen Sie sich von den Kindern erzählen, was sie gerade angezogen haben. Jeder darf beschreiben, was er trägt. Die anderen Kinder hören hierbei natürlich gut zu und prägen sich die Kleidung der anderen ein. Sobald jeder sein Kleidungsstück vorgestellt hat, geht ein Kind aus dem Kreis raus.

Ein anderes Kind zieht jetzt sein Kleidungsstück aus und packt es in eine Kleiderkiste in der Mitte. Alle anderen Kinder behalten ihr Winterkleidungsstück an.

Das Kind, das den Kreis verlassen hat, kommt nun wieder dazu und muss raten, was fehlt: „Joshua hat eine rote Mütze getragen."

Idee: Nadine Marchi

# Wichtel Tippelchen will Plätzchen backen

## Klatschgeschichte

**Alter:** ab 4 Jahren
**Dauer:** 10 Minuten

Wichtel Tippel: auf das linke Knie klatschen
Wichtel Tappel: auf das rechte Knie klatschen
Wichtel Tippel-Tappel: auf beide Knie klatschen
Wichtel Tippelchen: schnell mit den Zeigefingern auf den Knien tippen

Vor dem Kamin sitzen **Wichtel Tippel**, **Wichtel Tappel**, **Wichtel Tippel-Tappel** und natürlich der kleine **Wichtel Tippelchen**.

„Was machen wir morgen?", will **Wichtel Tippelchen** von den anderen wissen.

„Wir müssen langsam mit dem Plätzchenbacken anfangen, wir haben fast keine mehr übrig", schlägt **Wichtel Tippel** vor.

„Oh, das ist eine gute Idee!", freut sich **Wichtel Tappel** und **Wichtel Tippel-Tappel** nickt zustimmend.

„Ich freue mich jetzt schon sehr drauf, wenn ich den Teig zusammenrühren, kneten und naschen darf", jauchzt der kleine **Wichtel Tippelchen**.

„Dann lass uns jetzt früh schlafen gehen, damit wir morgen ausgeruht sind", schlägt **Wichtel Tippel-Tappel** vor.

Alle machen sich fertig für das Bett. Sie ziehen ihre Wichtelhosen, Wichtelpullover und die grünen Wichtelschuhe aus. Anschließend ziehen sie ein weißes Schlafgewand an und gehen mit der roten Wichtelmütze ins Bett. Kurze Zeit später hört man in dem Wichtelhaus ein gleichmäßiges Schnarchen. Alle schlafen, bis auf einen Wichtel, der kann vor lauter Aufregung nicht einschlafen.

Der kleine **Wichtel Tippelchen** horcht, ob noch jemand wach ist. Er hört nur, wie **Wichtel Tippel**, **Wichtel Tappel** und **Wichtel Tippel-Tappel** im selben Rhythmus schnarchen.

Der kleine **Wichtel Tippelchen** steht auf und schleicht sich in die Küche. Dort macht er das Licht an und setzt sich auf die Küchenbank. Leider fällt ihm nicht mehr ein, wo das Rezept für seine Lieblingskekse ist.

„Dann muss ich ohne Rezept backen. Mal sehen, ob ich es noch kann", beschließt er. Er greift in den Küchenschrank und holt das Mehl heraus.

Die Hände vom kleinen **Wichtel Tippelchen** sind aber viel zu klein für das große Mehlpaket und es fällt auf den Boden. Die ganze Küche sieht weiß gepudert aus, als ob es gerade geschneit hätte. Selbst der kleine **Wichtel Tippelchen** ist nur an seiner roten Zipfelmütze zu erkennen. **Wichtel Tippelchen** lässt sich aber nicht entmutigen.

„Ein wenig Mehl habe ich noch", sagt er und schiebt die Mehlreste auf der Küchenarbeitsplatte zusammen.

„Jetzt kommt Butter hinzu!", erinnert er sich und greift mit der Hand in das Butterfass. Sie klebt an den Händen vom kleinen **Wichtel Tippelchen**. Mit seiner Zunge schleckt er die Butterreste von den Fingern ab.

„Als Nächstes kommt Zucker hinein", stellt er fest. Bevor er aber die Dose über das Mehl-Butter-Gemisch schüttet, probiert er lieber. Nicht, dass er aus Versehen Zucker mit Salz verwechselt.

„Zum Schluss kommt das Ei obendrauf", zählt er auf. Samt Schale haut er das Ei auf die Küchenarbeitsplatte und schiebt alles zusammen.

„Jetzt wird mit den Wichtelhänden geknetet."
Der kleine **Wichtel Tippelchen** legt los und knetet und knetet. Manchmal nascht er, dann knetet er weiter.

Ständig muss er zwischendurch gähnen. Dass Plätzchenbacken so anstrengend ist, wusste der kleine **Wichtel Tippelchen** nicht mehr.

„Ich lege mich besser noch etwas schlafen. Morgen früh können **Wichtel Tippel**, **Wichtel Tappel** und **Wichtel Tippel-Tappel** mir helfen."
Der kleine **Wichtel Tippelchen** legt sich auf die Küchenbank und schläft ein.

Am nächsten Morgen wird er von **Wichtel Tippel** geweckt. „Ja, Wichteldonnerlittchen, was ist denn hier passiert?", fragt **Wichtel Tippel** und schlägt die Hände über dem Kopf zusammen.

Der kleine **Wichtel Tippelchen** streckt und reckt sich und antwortet: „Ich habe schon mal angefangen, Plätzchen zu backen."

**Wichtel Tappel** kommt hinzu und fängt an laut zu lachen. „Hast du das Rezept von **Wichtel Tippel-Tappel** für unsere Lieblingsplätzchen nicht gefunden?"

Der kleine **Wichtel Tippelchen** schüttelt traurig den Kopf. „Ich gehe **Wichtel Tippel-Tappel** wecken und dann machen wir zusammen die Küche sauber. Anschließend backen wir vier Wichtel unsere Wichtelplätzchen."

Der kleine **Wichtel Tippelchen** lächelt, **Wichtel Tippel** schnappt sich einen Putzlappen und fängt mit dem Putzen an.

Nach wenigen Stunden duftet es im ganzen Wichtelhaus nach frisch gebackenen Wichtelplätzchen.

**Wichtel Tippel**, **Wichtel Tappel**, **Wichtel Tippel-Tappel** und der kleine **Wichtel Tippelchen** sitzen vor dem Kamin und essen ihre selbstgebackenen Plätzchen.

„Was machen wir morgen?", will **Wichtel Tippelchen** von den anderen wissen.

Idee: Nadine Marchi

# Wer kommt denn da jetzt aus dem Haus?

## Beobachtungsgeschichte

**Alter:**
ab 3 Jahren
**Dauer:**
10 bis 15 Minuten

**Material**
Schellenkranz, Bilder mit Wintermotiven

Schneeglöckchen sind die Vorboten des Frühlings und zeigen an, dass sich der Winter langsam seinem Ende zuneigt. In dieser Geschichte wechseln Sie zusammen mit den Kindern in die Perspektive eines Schneeglöckchens. Was gibt es alles im Garten der Familie Winkelmann zu sehen? Finden Sie es heraus!

Ganz langsam steckt das **Schneeglöckchen** sein weißes Köpfchen durch die zarte Schneedecke. Es ist kaum vom Schnee zu unterscheiden, der in der Sonne glitzert.

Die Sonnenstrahlen lassen das Weiße etwas schmelzen, sodass es der **Schneeglöckchenblüte** besser gelingt, ihren Kopf ganz emporzustrecken.

Sie betrachtet Spuren im Schnee und ahnt nur, zu wem die Spuren gehören könnten. Im selben Moment hört das **Schneeglöckchen** ein Schnauben.

Es klingt wie das Schnüffeln eines Hundes. Das **Schneeglöckchen** bewegt sich nicht, um nicht ertappt zu werden, aber trotzdem taucht plötzlich eine große schwarze Hundenase vor ihm auf und schnüffelt an seiner Blüte herum.

So schnell, wie er gekommen ist, verschwindet der Hund wieder und schwere Schritte sind im Schnee zu hören. Große blaue Winterstiefel mit weißem Plüsch stapfen am **Schneeglöckchen** vorbei und gehen dem Hund hinterher.

Stille macht sich an diesem Wintermorgen wieder breit. Das **Schneeglöckchen** möchte gerade etwas schlafen und lässt schon sein Köpfchen hängen, da ertönt erneut ein lautes Geräusch. Es klingt nach Kratzen und Klopfen.

Grüne Wanderschuhe sind zu sehen und direkt davor eine Schneeschaufel. Sie kratzt laut über den Boden und ab und zu klopft die Schaufel den Schnee von sich ab.

Das **Schneeglöckchen** bekommt es ein wenig mit der Angst zu tun, denn ein großer Schneehaufen türmt sich direkt neben ihm auf. Mit jedem Kratzen der Schneeschaufel wird er größer. Plötzlich hört das **Schneeglöckchen** Kinderjubel und zwei Paar kleine Winterstiefel rennen den Hügel rauf und runter. Das **Schneeglöckchen** erfreut sich an dem Kinderlachen.

Die Kinder rodeln mit einem Schlitten den Berg hinunter, mag dieser auch noch so klein sein. Auf einmal wird es um das **Schneeglöckchen** herum ganz dunkel. Nur noch dumpf hört es die Geräusche und das Lachen der Kinder. Ganz starr bleibt es, um abzuwarten, was passiert.

Genauso schnell, wie es dunkel wurde, wird es wieder hell. Das **Schneeglöckchen** sieht ein Kind, das eine rote Pudelmütze in der Hand hält. Es ist die Pudelmütze von …?

Idee: Nadine Marchi

## Und so geht's:

Lassen Sie die Kinder zunächst von eigenen Erfahrungen im Schnee berichten. Die Erfahrungswelt der Kinder miteinzubeziehen, hilft ihnen, die Geschichte besser zu verstehen. Nun gibt es mehrere Varianten, die Geschichte zu erzählen:

### Variante 1:

Immer wenn das Wort **Schneeglöckchen** vorkommt, läuten die Kinder mit einem Schellenkranz.

### Variante 2:

Legen Sie markante Begriffe, die mit Schnee bzw. mit Winter zu tun haben, als ausgedrucktes Bild in die Mitte. Sobald ein Kind einen Begriff gehört hat, darf es auf das passende Bild zeigen. Sie erweitern hier den Wortschatz der Kinder, indem Sie die Begriffe zunächst einzeln erklären und dann in die Geschichte einbinden.

### Variante 3:

Wem gehört die rote Wintermütze am Schluss? Überlegen Sie mit den Kindern, wie die Geschichte weitergehen könnte. Was macht das Kind, dem die Wintermütze gehört? Fördern Sie hier die Sprechfreude und Fantasie der Kinder.

# Die lustige Karnevalsfeier

**Reimgeschichte**

**Alter:**
ab 4 Jahren
**Dauer:**
5 Minuten

Die Kinder rufen laut „Hurra!“,
der Karneval ist endlich (da).

Sie stürmen in die Kita rein,
verkleidet sind sie alle (fein).

Feen und Käfer fliegen herum,
eine Biene macht ganz laut (summ summ).

Eine Meerjungfrau ist auch im Haus,
die Prinzessin sieht heut sehr gut (aus)!

Der Ritter hat daran gedacht
und sein Schwert auch mit(gebracht).

Feuerwehrmann und Polizist
sorgen dafür, dass Ruhe (ist).

Der Dino ist heut wirklich groß
und der Löwe brüllt (famos)!

Ein Clown macht wieder viele Witze
und der Froschkönig ist (spitze)!

Bei der großen Modenschau
schauen alle ganz (genau),

wer heut wie verkleidet ist.
Wird denn auch kein Kind ver(misst)?

Wer steckt denn in dem Kostüm da drin?
Ist das nicht vielleicht der (Finn)?

Nein, Finn, der ist es nicht!
Es ist Jan als kleiner (Wicht)!

Die Modenschau hat Spaß gemacht,
jetzt wird getanzt und auch (gelacht).

Wir tanzen, dass die Scheibe klirrt!
Ob hier einem schwindelig (wird)?

Am Büfett gibt es das Essen,
auch das Trinken wird nicht ver(gessen).

Wasser und Tee gibt's im Überfluss,
die Kinderbowle ist ein echter (Genuss).

Es gibt Popcorn und auch Chips
und sogar die leckeren (Flips).

Auch Gurke, Tomate und Paprika,
so ist für jeden was Gutes (da).

Wir machen auch noch lustige Spiele,
denn davon gibt es doch ganz (viele)!

Stopptanzen und Luftballon schlagen,
auch Einbein-Hüpfen wollen wir
(wagen).

Schokokuss-Essen ohne Hände,
wir haben Spaß hier ohne (Ende).

Doch irgendwann ist leider Schluss,
weil jeder dann nach Hause (muss).

Wir denken schon, das ist doch klar,
an die Feier im nächsten (Jahr)!

So verlassen wir heute die Kita
und morgen kommen wir alle (wieder).

## Und so geht's:

Lesen Sie den Text langsam, laut und deutlich vor, sodass alle Kinder gut mithören können. Vor dem Wort in der Klammer stoppen Sie und lassen die Kinder den Reim finden. Als kleine Hilfestellung können Sie ihnen leise den Anfangsbuchstaben vorsagen.

Idee: Kathrin Eimler

# In dieser Reihe sind bereits erschienen:

**Mit Klängen Geschichten erzählen**
Die schönsten Klanggeschichten und Klanggedichte
ISBN: 978-3-96046-155-5

**5-Minuten-Spiele für die Kita**
Die besten Ideen für zwischendurch
ISBN: 978-3-96046-173-9

**Bewegung & Entspannung in der Kita**
Die besten Spiele zum Mitmachen, Austoben und zur Ruhe kommen
ISBN: 978-3-96046-174-6

Klett Kita